Benedikt Müller

Der Dispositionseffekt

Wie treffen wir
Investitionsentscheidungen?

Bibliografische Information der Deutschen Nationalbibliothek:

Die Deutsche Nationalbibliothek verzeichnet diese Publikation in der Deutschen Nationalbibliografie; detaillierte bibliografische Daten sind im Internet über http://dnb.d-nb.de abrufbar.

Impressum:

Copyright © Studylab 2019

Ein Imprint der Open Publishing GmbH, München

Druck und Bindung: Books on Demand GmbH, Norderstedt, Germany

Coverbild: Open Publishing GmbH | Freepik.com | Flaticon.com | ei8htz

Inhaltsverzeichnis

Abkürzungsverzeichnis

DE	Dispositionseffekt
PT	Prospect Theorie
RPT	Regret und Pride Theorie
TN	Teilnehmer*innen
GN	Gruppe
TG	Testgruppe
KG	Kontrollgruppe
DEloss	Dispositionseffekt im Verlustbereich
DEgain	Dispositionseffekt im Gewinnbereich
DEgesamt	Dispositionseffekt (aller Teilnehmer*innen)
DE TG	Dispositionseffekt der Testgruppe
DE KG	Dispositionseffekt der Kontrollgruppe
H1	Hypothese 1
H2	Hypothese 2
SPSS	IBM SPSS Statistik-Software

Darstellungsverzeichnis

1 Einleitung

1.1 Einordnung des Dispositionseffekts im wissenschaftstheoretischen Kontext

In der jüngeren Vergangenheit entwickelte sich neben den vorherrschenden klassischen, normativen Theorien der Finanzwissenschaft[1] ein verhaltensorientierter, deskriptiver Ansatz als neues Teilgebiet in der Finanzwissenschaft. Dieser Ansatz versucht dabei mithilfe von Methoden und Modellen aus der Psychologie sowie Soziologie die in der klassischen Theorie vorhandenen Markt-Anomalien[2] deskriptiv zu beantworten.[3] Zur Untersuchung dieser Phänomene steht das real beobachtbare, dabei aber teils irrationale Verhalten von Individuen im finanzwirtschaftlichen Kontext im Fokus.[4] Im Gegensatz dazu liest sich das Paradigma des rein rational agierenden Menschenbildes des *homo oeconomicus*[5] der klassischen Theorie. Dieser zentrale Unterschied grenzt das als Behavioral Finance (dt. verhaltensorientierte Finanzmarkttheorie) bezeichnete Teilgebiet von der klassischen Finanztheorie ab.

Eine unter Wirtschaftsakteuren am Kapitalmarkt weit verbreitete Verhaltensanomalie ist der Dispositionseffekt (DE).[6] Der DE beschreibt die Verhaltenspräferenz von Anlegern, Gewinne bevorzugt gegenüber Verlusten zu verkaufen.[7] Dieses Symptom wurde erstmals systematisch von (Shefrin, et al., 1985) analysiert und bewertet.

Das Ziel ihrer Untersuchung bestand darin herauszufinden, ob sich Anleger an die im Modell nach (Constantinides, 1984) implizierten optimalen Verkaufszeitpunkte von Gewinnen und Verlusten hielten.

Das Ergebnis zeigte eine Abweichung von den Modellimplikationen: Anleger verhielten sich nicht nach der prognostizierten optimalen Lösung. Es wurden gewinnbringende Wertpapiere, die seit Erwerbszeitpunkt gestiegen waren *zu früh* und

---

[1]   Zu nennen wäre hier beispielsweise die Markteffizienzhypothese nach (Fama, 1970).
[2]   Vgl. (Bloomfield, 2008 S. 438 ff.).
[3]   Vgl. (Ricciardi, et al., 2000 S. 2).
[4]   Vgl. hierfür die Übersicht bei (Eisenführ, et al., 2010 S. 400).
[5]   Als Sinnbild des vollkommen rational handelnden Menschen.
[6]   Vgl hierfür u.a. (Grinblatt, et al., 2001), (Feng, et al., 2005) und (Shefrin H., 2007).
[7]   Vgl. die Datenauswertung bei (Schlarbaum, et al., 1978 S. 323).

verlustbringende *zu spät* realisiert, um die Steuerlast des jeweiligen Anlegers zu minimieren.[8] Dies war der erste Versuch eine Nonkonformität der klassischen Theorie hinsichtlich dispositionalen Investitionsverhaltens detailliert zu belegen.

Des Weiteren hat dispositionales Verhalten ebenfalls negative Auswirkungen auf die generelle Wertentwicklung des Portfolios eines Anlegers. Je geringer das Ausmaß des DE, desto vorteilhafter die Wertentwicklung im Vergleich.[9] So konnte beispielsweise empirisch bewiesen werden, dass gewinnbringende Wertpapiere tendenziell weiter steigen, wobei verlustbringende Wertpapiere tendenziell weiter fallen.[10]

Der DE wurde somit in das Wissenschaftsfeld der *begrenzten Rationalität*[11] überführt. Warum aber Investoren diesem Verhalten unterliegen, ist nach wie vor nicht vollständig aufgeklärt.

1.2 Abgrenzung und Vorgang der Untersuchung des Dispositionseffekts

In der vorliegenden Arbeit werden Investitionsentscheidungen unter Verwendung der verhaltensorientieren Wissenschaft betrachtet. Dabei spielen Informationen, Informationswahrnehmung und -verarbeitung bei Investitionsentscheidungen eine wichtige Rolle bei dem Versuch menschliches Handeln zu verstehen. So auch hinsichtlich der für den Dispositionseffekt relevanten Entscheidungen (Halten oder Verkaufen).

Die Ergründung des DE ist abhängig von der Analyse der zugrundeliegenden Investitionsentscheidungen. Das zweite Kapitel widmet sich daher ganz der Vorstellungen theoretischer Erklärungsversuche und warum sie dispositionales Verhalten nicht ausnahmslos aufklären können. Die Theorien und Ansätze werden so vorgestellt, dass sie im Hinblick auf den DE verständlich werden. Die hier verwendeten Begriffe „Verlierer" und „Gewinner" werden zum besseren Verständnis vorab definiert. Diese beziehen sich dabei auf gefallene bzw. gestiegene Aktien in Bezug auf einen Referenzpunkt, bspw. den Kaufpreis.

Das Ende des zweiten Kapitels bildet eine eigene Betrachtungsweise auf Investitionsentscheidungen im Kontext nicht monetärer Entscheidungsfaktoren und

---

[8] Vgl. (Shefrin, et al., 1985).

[9] Vgl. u.a. (Seru, et al., 2010 S. 716-718).

[10] Vgl. (Grinblatt, et al., 2005 S. 334).

[11] *Bounded rationality* benannt nach (Simon, 1959).

inwiefern Anspruchsanpassungen den DE erklären können. In den anschließenden Kapiteln soll dies im experimentellen Kontext überprüft werden.

Abschließend sei zu erwähnen, dass das Ziel dieser Arbeit nicht darin besteht, ein Modell zu schaffen, welches den DE restlos aufklären kann, sondern vielmehr eine zusätzliche Betrachtungsweise der zugrundeliegenden Entscheidungsvorgänge und Referenzpunkte aufzuzeigen.

2 Der Dispositionseffekt im verhaltensorientierten Kontext

Bei dem bereits in Kapital 1 angeführten Unterschied zwischen klassischen und verhaltensorientierten Erklärungsansätzen der Kapitalmarkttheorie spielt die individuelle (Informations-)Wahrnehmung und Verarbeitung eine zentrale Rolle. So steht nicht nur die Bedingung der vollständigen Informationen in der Kritik, sondern gerade die Annahme, dass Individuen gegebene Informationen immer richtig[12] und unmittelbar verarbeiten sowie alle daraus resultierenden Handlungsalternativen richtig bewerten.[13] Grundsätzlich ist auch fraglich, inwiefern alle zur Verfügung stehenden Informationen überhaupt im Entscheidungsprozess verwendet werden. Somit stehen gerade Entscheidungsvoraussetzungen (Informationen) und Entscheidungsprozesse im Mittelpunkt der Untersuchungen.

Dem DE liegt letztlich ein inhärentes Merkmal, bestehend aus zwei Entscheidungsalternativen (Halten oder Verkaufen), zugrunde. Dispositionales Verhalten bedeutet erstens, Verkaufsentscheidungen im Falle gestiegener Wertpapiere im Vergleich zu fallenden Wertpapieren zu bevorzugen und zweitens, Halteentscheidungen im Falle gefallener Wertpapiere im Vergleich zu steigenden Wertpapieren zu bevorzugen.

Diese beschreiben zwar das selbe Resultat (nämlich den DE), doch muss das Entscheidungsverhalten in beiden Fällen begründet werden. Wieso halten Individuen Verlierer und verkaufen Gewinner? An dieser Hürde müssen sich konsistente (verhaltensorientierte) Erklärungsansätze messen lassen.

2.1 Charakterisierung des Dispositionseffekts im entscheidungstheoretischen Kontext

Die Existenz des DE konnte nicht nur in vielen empirischen sowie experimentellen Studien belegt werden, sondern führte gleichzeitig zu einer genaueren Charakterisierung dispositionalen Verhaltens. Diese half dabei spätere Implikationen von Erklärungsmodellen hinsichtlich des DE genauer bewerten und beurteilen zu können.

So konnte beispielsweise empirisch belegt werden, dass Verkäufe tendenziell eher vorkommen, wenn eine gesunkene Aktie ein vorheriges Monatshoch wieder

---

[12] Richtig i.S. von rational gemäß Erwartungsnutzentheorie und deren Annahmen.
[13] Vgl. (Fischer, 2004 S. 14 f.).

erreicht. Dies führt zu dem Schluss, dass Investoren sich möglicherweise an Referenzpunkten zur Bewertung orientieren, die über den „Status Quo" hinausgehen.[14] Außerdem bestehen zahlreiche inter-gruppenspezifische Unterschiede zwischen verschiedenen Investorengruppen. So besteht beispielsweise eine hohe positive Korrelation zwischen Intelligenz, Trading-Erfahrung und dem DE. Intelligentere (i.S. eines höheren Intelligenzquotienten) Investoren neigen dazu, sich eher von Verlierern zu trennen, ergo weisen sie einen niedrigeren DE auf.[15] Dies gilt auch für professionelle oder wohlhabendere Händler. Ebenfalls einen reduzierenden Effekt hat häufiges Traden bei nicht-professionellen Händlern.[16] Interessanterweise fanden (Dhar, et al., 2006) bei der Analyse des Investitionsverhaltens von professionellen Händlern auch mehrfach Fälle, in denen diese dem DE überhaupt nicht unterlagen, andere dagegen schon. Warum, bleibt dabei aber unbeantwortet. Ebenfalls wurde kein DE nachgewiesen, wenn die Kaufentscheidungen nicht selbst getroffen wurden. So steht (emotionale) Verantwortung im Verdacht, dispositionales Verhalten auslösen zu können.[17]

Wichtig ist auch zu erwähnen, dass die Verlust- bzw. Gewinnhöhe einen gravierenden Einfluss auf den DE aufweist. Ab einem gewissen Ausmaß kehrt sich der Effekt nämlich um: Gewinner werden länger gehalten und Verlierer eher realisiert.[18] Es lässt sich festhalten, dass der DE ein weiterverbreitetes Phänomen[19] unter Anlegern darstellt, das allerdings unterschiedliche Ausprägungen aufweisen kann.

2.2 Die Irrationalität der rationalen Erklärungsansätze

Neben verhaltensorientierten Erklärungsansätzen gibt es ebenfalls den Versuch den DE mithilfe rationaler Annahmen zu erklären. Allerdings sind in zahlreichen Studien diese Ansätze als nichtzutreffend widerlegt worden.

Die Annahme der sogenannten *Mean Reversion* (dt. Mittelwertrückkehr) unterstellt Aktienkursen um einen Mittelwert zu schwanken. Diese Theorie könnte somit das

---

14 Vgl. (Grinblatt, et al., 2001 S. 612).
15 Vgl. (Grinblatt, et al., 2012 S. 360 f.).
16 Vgl. (Da Costa Jr., et al., 2013 S. 1673), (Dhar, et al., 2006 S. 738) und (Seru, et al., 2010 S. 733).
17 Vgl. (Summers, et al., 2007 S. 5, S. 33).
18 Vgl. (Eom, 2018 S. 5).
19 Dabei ist der DE nicht nur auf den Kapitalmarkt beschränkt, sondern auch intersektoral nachweisbar. Vgl. hierzu die Aufzählung bei (Dhar, et al., 2006 S. 7 f.).

dispositionale Verhalten rational erklären. Es wurde aber in empirischen Datens- ätzen kein Beweis für diese Theorie gefunden[20], wohingegen der anscheinend vor- handene Irrglaube an die Mittelwertrückkehr eine mögliche Erklärung für den DE liefern könnte.[21]

Ein weiterer Ansatz zielt auf die Informationsgrundlage der getätigten Kaufent- scheidung eines Investors ab. Aktien werden nur erworben, wenn eine positive Entwicklung aus den subjektiven „Informationen" geschlussfolgert wird. So gese- hen würde die Aktie solange gehalten, bis der daraus abgeleitete Zielpreis erreicht ist.[22] Dies impliziert allerdings, dass jene Akteure, die potentiell über Insiderinfor- mationen verfügen müssten, eher dem DE unterliegen. Bewiesenermaßen triff e- her das Gegenteil zu.[23]

Letztlich kann auch das Festhalten an einer gewollt konstanten Portfoliozusam- mensetzung den DE nicht erklären. Datensätze, die um diese gewünschte Restrik- tion bereinigt worden sind, zeigen trotz allem weiterhin das typische Bild des DE.[24]

Es bleibt anzumerken, dass diese Erklärungsversuche nicht dazu führen, die dem DE zugrundeliegenden Entscheidungen von Investoren zu verstehen oder gar zu legitimieren.

2.3 Einordnung von Entscheidungen im Kontext des Dispositionseffekts

Deskriptive Entscheidungsmodelle versuchen den DE in einen nutzentheoreti- schen Kontext einzubinden und somit die ihm zugrundeliegenden Verhalten eine gewisse „Nutzenplausibilität" zu verleihen.[25] Diese- aus den jeweiligen Theorien entwickelten Modelle- sind dabei intuitiv ohne große Mühe auf den DE anzuwen- den. Sie bedienen sich dabei ebenfalls dem beobachtbaren realen menschlichen Verhalten im Sinne der deskriptiven Theorie.[26] Die Modelle werden im Rahmen

---

[20] Vgl. u.a. (Weber, et al., 1998) oder (Odean, 1998 S. 1790).

[21] Vgl. für eine genauere Betrachtung die Annahmen von (Zuchel, 2001 S. 4) mit (Odean, 1998 S. 1794).

[22] Vgl. (Kaustia, 2010 S. 807).

[23] Vgl. hierzu den in Kapitel 2.1 ausgeführten Unterschied zwischen privaten und professionel- len Investoren.

[24] Vgl. (Odean, 1998 S. 1788).

[25] Im Sinne: Dispositionales Verhalten stifte einen positiven Nutzen für ein Individuum.

[26] Zu nennen sind bspw. Heuristiken, kognitive Verzerrungen oder Framing-Effekte, s. dazu (Kahneman, et al., 1981).

und unter Anwendung auf den DE vorgestellt. Von generellen kritischen Beurteilungen der Richtigkeit dieser Modelle wird daher abgesehen. Es wird aber sehr wohl kritisch dazu Stellung genommen, inwieweit die Übertragung auf den DE kohärent und zweckdienlich ist.

2.3.1 Die Prospect Theorie

Die Prospekt Theory (PT, dt. Neue Erwartungstheorie) wurde erstmal von (Tversky, et al., 1992) beschrieben und wenige Jahre später weiterentwickelt.[27]

Sie beruht auf der Beobachtung, dass durch subjektive Risikowahrnehmung Verluste ausgehend von einem Status Quo stärker gewichtet werden als gleichgroße Gewinne. Der ökonomische (rationale) Erwartungsnutzen[28] wird nicht als Bewertungsmaßstab bei Entscheidungen zugrunde gelegt. Auch werden beispielsweise sichere, positive Auszahlungen gegenüber höheren, unsicheren präferiert (auch bei geringerem Erwartungsnutzen). Bei negativen Auszahlungen handeln Individuen dagegen umgekehrt.[29] Außerdem werden kleine Wahrscheinlichkeiten überschätzt und große hingegen unterschätzt.

Für eine experimentelle Modellierung dieses Phänomens wird eine einfache Lotterie betrachtet.

Zustände eines Prospekts (dt. „Lotterie") können positive (Gewinne) oder negative (Verluste) Abweichungen generieren, es herrscht also Risiko. Kern kann dieser Prozess dabei auf drei Elemente menschlichen Handelns zurückgeführt werden:[30]

(1) Individuen bilden Referenzpunkte[31], von denen aus Handlungsalternativen in Bezug gesetzt werden können. Dies beruht auf der Erkenntnis, dass menschliche Wahrnehmung und Bewertung immer perspektivisch geschieht. Es werden somit keine absoluten Änderungen analysiert, sondern bezugsabhängige. Außerdem werden positive und negative Ausgänge voneinander separiert[32] wahrgenommen.

---

[27] Vgl. *Cumulative Prospect Theory* nach (Tversky, et al., 1992). Zur Vereinfachung werden hier beide Theorien als Prospect Theorie zusammengefasst dargestellt.

[28] Vgl. hierzu das *Bernoulli-Prinzip.*

[29] Vgl. (Kahneman, 2012 S. 336-340).

[30] Vgl. (Kahneman, 2012 S. 346 f.).

[31] Vgl. für Annahmen zum Referenzpunkt vgl. (Kahneman, et al., 1979 S. 274).

[32] Dies entspricht der Annahme des *Mental Accounting.* Vgl. hierzu (Thaler, 1999 S. 189 f.).

(2) Individuen verhalten sich im Gewinnbereich risikoavers, im Verlustbereich risikosuchend. Außerdem ist die Reaktion auf Gewinne kleiner als auf Verluste gleicher Größe. Dies wird als Verlustaversion bezeichnet.

(3) Individuen besitzen eine abnehmende Sensitivität in der Wahrnehmung von gleichgroßen Änderungen, je weiter entfernt diese vom Referenzpunkt liegen.

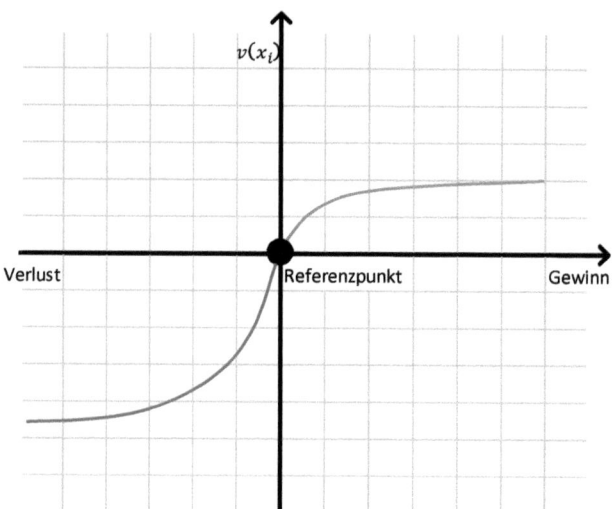

Darstellung 1: Wertefunktion der PT.
Quelle: Eigene Darstellung.

Die Charakteristika der Wertefunktion (s. Darstellung 1) und die Annahme der subjektiven Risikogewichtung der PT verdeutlichen den unterschiedlich konzipierten referenzpunktabhängigen Nutzen eines Zustands.[33]

Diese s-förmige Nutzenfunktion schafft eine valide Erklärung mit den Halte- und Kaufentscheidungen des DE.[34]

So kann der Kaufpreis eines Wertpapiers als Referenzpunkt interpretiert werden. Ist in der darauffolgenden Periode das Wertpapier gestiegen (gefallen), wird der

---

[33] Vgl. (Tversky, et al., 1992 S. 299 ff.).

[34] Vgl. u.a. (Barberis, et al., 2009 S. 752) und (Li, et al., 2013 S. 716).

Käufer das Wertpapier als Gewinner (Verlierer) wahrnehmen. Die möglichen Ausgänge in der nächsten Periode unterliegen wieder denselben Zuständen der Lotterie.[35] So lassen sich die Entscheidungen in Form von Nutzen nach der PT errechnen. Gewinner werden eher verkauft, da ein Investor in diesem Bereich eher risikoavers ist und ein anfänglicher Gewinn aufgrund der abnehmenden Sensitivität vergleichsweise höheren Nutzenzuwachs generiert als weitere Anstiege. Dagegen werden Verluste eher gehalten, da im Verlustbereich Risikoaffinität herrscht.

Allerdings wird die analytische Anwendung dieses Prozesses (in der Fachliteratur) kontrovers beurteilt.[36] Dabei steht die von (Tversky, et al., 1992) implizierte Parametrisierung[37] der Modellvariablen und der Referenzpunkt im Fokus.

So ist unter den meisten Modellparametrisierungen kein oder sogar ein gegenläufiger DE vom Modell prognostizierbar.[38] Insbesondere durch die Annahme, dass Referenzpunkte das Ausgangsvermögen von Individuen darstelle, erkläre sich nicht, warum Individuen dispositionalem Verhalten unterliegen. So wurde experimentell nachgewiesen, dass es nur unter bestimmten Parametern für den Investor vorteilhaft sein kann (im Kontext der PT), sich dispositional zu verhalten. Es müsse dem Modell vielmehr ein erwartungsbasierter Referenzpunkt zugrunde gelegt werden.[39] Diesbezüglich stellte (Vlcek, 2007) allerdings fest, dass Investoren, die unter dem Einfluss des DE handeln, ein Wertpapier erst überhaupt nicht erwerben würden. Bei der Parametrisierung, die wirklich zum DE führt, bestehe überhaupt kein Kaufanreiz (i.S.v. Nutzen nach PT). Somit handelt es sich bei der Bewertung des DE mithilfe der PT um eine Bewertung einer niemals zuvor stattgefundenen Transaktion.[40]

Die neuesten Ansätze setzen sich explizit mit der Modellierung des Referenzpunkts auseinander. So ist der Referenzpunkt über einen Pfad charakterisiert, dessen Anpassungsprozess vom Ausgangsvermögen zum „erwarteten" Endvermögen wandert.[41] Theoretisch führe sogar jeder adaptive Referenzpunkt „ausreichend

---

35 Vgl. (Dacey, et al., 2008 S. 46 ff.).
36 Vgl. (Kyle, et al., 2006 S. 281-284) mit (Vlcek, 2007 S. 63-66).
37 Diese wurden empirisch ermittelt, vgl. hierfür (Tversky, et al., 1992 S. 311 f.).
38 Vgl. (Barberis, et al., 2009 S. 776 f.).
39 Vgl. (Meng, et al., 2016 S. 3 f.).
40 Vgl. *The Ex-Post* versus *True Disposition Effect* nach (Vlcek, 2007 S. 54-61).
41 Vgl. hierfür das Konzept des *Preferred Personal Equilibrium* in (Kőszegi, et al., 2006).

oberhalb" des Ausgangsvermögens zum DE und rechtfertige durch Einbau eines Zeitverzugs zusätzlich die initiale Kaufentscheidung. Dies gilt dabei aber eher für die implizierte Risikoaversion in der PT und erklärt weniger die gesamte Anwendbarkeit der PT auf den DE.[42]

Fraglich ist auch, warum sich der DE ab einer gewissen Gewinn- bzw. Verlusthöhe umkehrt.[43] Dies widerspricht an sich den Annahmen der PT bzgl. Risikoaversion und Risikoaffinität sowie der abnehmenden Sensitivität.

2.3.2 Die Reget und Pride Theorie

Die Regret and Pride Theorie (RPT) ordnet sich neben der PT als möglicher entscheidungstheoretischer Erklärungsansatz des DE ein. Sie setzt sich dabei mit der kritischen Bewertung der PT hinsichtlich des Fehlens der emotionalen Wirkung und den Folgen von Entscheidungen auseinander.[44]

In diesem Kontext stehen auch die Begriff Pride (dt. Stolz, positive Emotion) und Regret (dt. Bedauern, negative Emotion). Psychologische „Kosten" entstehen, wenn eine falsche Entscheidung korrigiert werden muss und zur Vermeidung eher an ihr festgehalten wird.[45] Es wird durch Selbstrechtfertigung versucht die Fehlentscheidung zu legitimieren. Das Treffen von Entscheidungen kostet immer aufgewendete Zeit und Energie, die bei einer Entscheidungsänderung (i.S.v. Verkäufen) „verloren" wären.[46] Stolz hingegen kann als Gewissheit interpretiert werden etwas Anerkennungswürdiges geleistet zu haben, das entlohnt werden muss.

Konzeptionell lässt sich die RPT folgendermaßen auf den DE anwenden: Ein Investor besitzt ein Wertpapier in t_0.[47] Er kann dieses nun verkaufen oder weiter halten. Die Entscheidungssituation geschieht wieder unter Unsicherheit (das Wertpapier ist in der darauffolgenden Periode entweder gestiegen oder gefallen). Ist die Aktie in t_1 gestiegen, so fühlt der Investor Stolz die richtige[48] Entscheidung (ex-ante) getroffen zu haben. Um den Stolz zu realisieren, verkauft er das Wertpapier (*seek*

---

[42] Vgl. (Meng, et al., 2016 S. 29 f.).

[43] Vgl. hierzu Kapitel 2.1.

[44] Vgl. die Annahme der emotionalen Verantwortung, Kap. 2.1.

[45] Vgl. (Kaustia, 2010 S. 184). Basierend auf der *kognitiven Dissonanz* nach (Festinger, 1957).

[46] Dies entspricht sog. *sunk costs*. Vgl. hierfür (Arkes, et al., 1985 S. 124).

[47] Die Kaufentscheidung ist bei einem Zweiperiodenmodell zunächst irrelevant, aber genauso im Kontext von „Stolz" und „Bedauern" implementierbar.

[48] Richtig (falsch) i.S.v Nutzenzuwachs (-reduktion) durch bspw. Vermögensänderungen.

pride).[49] Fällt das Wertpapier allerdings, so sieht sich der Investor mit der Situation konfrontiert, die falsche[48] Entscheidung (ex-ante) getroffen zu haben. Er empfindet Bedauern und hält daher lieber das Wertpapier weiterhin (*avoid regret*).[50] Diese ex-post Betrachtung bewertet ex-ante Entscheidungen, die mit positiven bzw. negativen Emotionen verbunden werden. Bei einer engen Modellierung um zwei Betrachtungszeitpunkte macht *avoid regret* und *seek pride* Verhalten auch konzeptionell Sinn und würde dispositionales Verhalten erklären.[51]

Allerdings gibt es bei einer erweiterten Modellierung (mehr als zwei Zeitpunkte) einen argumentativen Zirkelschluss.[52] Ein Investor könnte in jeder Periode geneigt sein ein Wertpapier nicht zu verkaufen, da dieses noch weiter steigen (fallen) könnte. Er würde folglich im Falle eines Verkaufs (Haltens) auch Bedauern empfinden und somit seine Position überhaupt nicht auflösen. Dieser Argumentation rekursiv folgend würde er die Aktie außerdem erst gar nicht erwerben, da der Kauf keinen Nutzen erbringt. Das Bedauern über eine drohende Fehlentscheidung dominiert somit den Stolz eine richtige Entscheidung getroffen zu haben, in jeder Entscheidungsperiode. Daraus folgt, dass ein Investor gar nicht bereit wäre, eine Verkaufsentscheidung zu treffen, ergo existiert auch kein DE.

Unter der Annahme, dass ein Individuum erst nach Ablauf des angestrebten Anlagehorizonts eine emotionale Bewertung der getätigten Investitionsentscheidung vornimmt, ließe sich dieser Zirkelschluss auflösen.[53] Damit könnte dispositionales Verhalten unter Hinzunahme einer postulierten Wertefunktion (s. Darstellung 2) die optimale Verhaltensstrategie darstellen.[54]

---

49 Vgl. (Shefrin, et al., 1985 S. 782).
50 Vgl. (Muermann, et al., 2006 S. 13 f).
51 Vgl. (Shefrin, et al., 1985 S. 781 f.).
52 Vgl. u.a. (Muermann, et al., 2006 S. 4).
53 Auch rechtfertigt dieser Ansatz die initiale Kaufentscheidung. Vgl. (Muermann, et al., 2006 S. 8-12).
54 (Muermann, et al., 2006 S. 13).

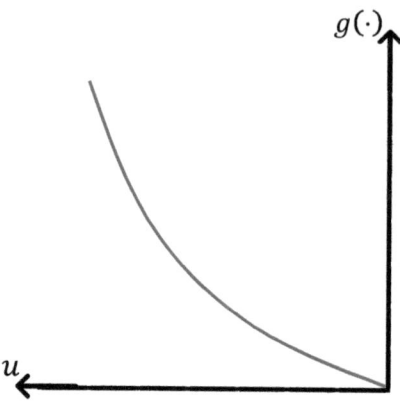

Darstellung 2: Wertefunktion der RPT: g(u(w^Alternative)-u(ω))= e^g($\cdot$) -1.
Durch die Konvexität (e^g($\cdot$)) wertet ein Individuum geminderten Nutzen durch Bedauern höher als den Extranutzen aus Stolz nach dem Verkauf eines Wertpapiers
Quelle: Eigene Darstellung in Anlehnung an (Muermann, et al., 2006).

Den Referenzpunkt bildet in der PRT die jeweils beste (für falsche Entscheidungen) bzw. schlechteste (für richtige Entscheidungen) nicht gewählte Alternative. Übersteigt der Nutzen aus der getroffenen Entscheidung diese Alternative wird Stolz empfunden: $u(\omega) > u(w^{Alternative})$. Investoren vergleichen somit „was hätte sein können" Situationen mit der gegenwärtigen Situation.

Es ist allerdings fraglich, ob Individuen dieser annektierten emotionalen „Blindheit" wirklich unterliegen und tatsächlich erst am Ende (in T) ihre emotionalen „Sehfähigkeit" wiedererlangen.[55] Außerdem wird die hier benutzte Emotion des Bedauerns in der Verhaltensanalyse eher mit der Tendenz verbunden, etwas korrigieren zu müssen.[56] Dies lässt sich als Argument sowie als Gegenargument für Halteentscheidungen deuten. Auch die Tendenz Erfolg auf eigene Anstrengung zurückzuführen, erklärt nicht zwangsläufig, warum Wertpapiere verkauft werden. Dies verursacht eine ambigue Deutbarkeit und verhindert die vollständige Kohärenz der PRT.

---

[55] Auch der von (Summers, et al., 2012) weiterentwickelte Ansatz vermag diese Schwäche nicht zu lösen, da die verwendeten Modelle ihrerseits wieder Schwierigkeiten hervorrufen.

[56] Vgl. (Lerner, et al., 2000 S. 477 ff.).

2.3.3 Weitere Forschungsschwerpunkte

Die bis dato aufgezeigten Erklärungsansätze und Modelle können den DE nur teilweise oder nur unter bestimmten Parametrisierungen bzw. Annahmen erklären.

So ist die Modellierung des „richtigen" Referenzpunkts zur Betrachtung des DE entscheidet, um der PT weitere Validität zu verleihen. Auch die RPT schafft eine gewisse Interpretierbarkeit von dispositionalen Entscheidungen, aber auch sie hat inhärente Schwächen bei den Annahmen der Emotionsbewertung.

Weitere Betrachtungen fußen den DE auf eine Nutzenbetrachtung weg von jährlichen Wertpapierentwicklungen hin zur Nutzenerrechnung ausschließlich aus realisierten Gewinnern und Verlierern. Diese Implikation hilft dabei den DE anhand der PT zu deuten.[57] Aus dieser Betrachtungsänderung entstand außerdem ein neues Modell den DE zu deuten. Das *Realization utility* Modell (dt. Nutzenrealisierungsmodell) versucht sich dabei ganz auf die Nutzenbetrachtung durch realisierte Objekte zu stützen.[58] Allerdings ist auch hier nicht final geklärt, warum der DE nur unter bestimmten Modell-Parametrisierungen auftritt und sogar analytisch gar keine Verkaufsentscheidungen auftreten können.[59] Auch ist mithilfe der Cox Regression eine genauere Betrachtung des DE möglich, da nun Wahrscheinlichkeiten gemessen werden, wann Verkäufe stattfinden, die direkt im Bezug zu prozentualen Kursänderungen gesetzt werden. Diese Charakterisierung wird bei der herkömmlichen nicht berücksichtigt.[60]

Es bleibt abzuwarten, ob theoretische Erklärungsansätze es schaffen, alle Aspekte dispositionalen Verhaltens in einem Modell zu vereinbaren, oder ob ein multikausaler Erklärungsansatz, wie von (Shefrin, et al., 1985) angedeutet, der Realität auch in Zukunft am nächsten kommen wird.

2.4 Einfluss von nicht monetären Anspruchsanpassungen auf den Dispositionseffekt

Es wurde im Verlauf der Arbeit mehrfach gezeigt, dass Investitionsentscheidungen nicht nur rein rational bewertbar sind und menschliches Verhalten eine große

---

[57] Vgl. (Barberis, et al., 2009 S. 772 f.).
[58] Vgl. (Barberis, et al., 2012 S. 254 ff.).
[59] Vgl. (Barberis, et al., 2012 S. 268).
[60] Als erstes angewendet auf den DE, (Feng, et al., 2005).

Rolle spielt. In diesem Kontext soll nun auch der Begriff der Investitionsansprüche gesehen werden.

Der meist in Bezug auf Investitionsentscheidungen verwendete Begriff der Rendite-Ansprüche könnte demnach auch auf andere (menschliche) Bedürfnisse und Bewertungspunkte ausgeweitet werden.[61] So haben (private) Investoren in der Realität beispielsweise nur eine begrenzte Zeit, die sie für die Entscheidungsfindungen zu investieren bereit sind.[62] Das Erlangen von (zusätzlichen) Informationen für Individuen ist kostspielig (i.S.v. zeitaufwendig) und die Bewertung einer getroffenen sowie bevorstehenden (i.S.v. Bewertung der sich ergebenden Handlungsalternativen) Entscheidung mit mentaler Anstrengung (psychologische Kosten) verbunden, wodurch auch nicht rationale Entscheidungen durchaus individuelle Optimalität besitzen können.[63] Diese erweiterten Ansprüche bilden einen erweiterten Nutzen (wenn sie nicht „eingesetzt" werden müssen), dessen Ursprung nicht nur durch monetäre Befriedigung erlangt wird.[64] Übertragen auf Investitionsentscheidungen könnte dies vor allem eine Verzerrung von Halteentscheidungen bedeuten.[65] Beispielhaft lässt sich die die Situation eines Investors betrachten, dessen gekaufte Aktie im Verlauf gefallen ist, er die Position aber nicht auflöst (ergo einen Verlierer hält). Aus klassischer Sicht erfährt er damit keinen Nutzen. Betrachtet man aber einen erweiterten Nutzenbegriff, könnte der Investor den Zustand dennoch als nutzenbefriedigend empfinden.[66] Es wird die erweiterte Komponente des Nutzens befriedigt (sich nicht neu entscheiden zu müssen und so „Kosten" zu verursachen). Dies ist ein subjektiv wahrgenommener Wert in Abhängigkeit der mentalen Anstrengung und Zeit, die zur Entscheidung aufgewendet werden muss.[67] Im Falle eines gestiegenen Wertpapiers wird der Nutzen dann befriedigt, wenn der Referenzpunkt (ausgehend von den eingesetzten Ressourcen) überschritten wird.

---

[61] Vgl. dazu die eigens durchgeführte Studie zu Investitionsentscheidungen, Anhang 1 und 2.

[62] Vgl. hierzu die Annahmen des *self control* Problem (Shefrin, et al., 1985 S. 782 f.).

[63] Vgl. (Simon, 1955 S. 106) oder die Theorie der *sunk costs* nach (Arkes, et al., 1985).

[64] In Anlehnung an *comparisons within alternatives* (Stirling, et al., 2016 S. 281).

[65] Wie auch in der PT und insbesondere in der RPT.

[66] I.S.v. *satisfying* und *suffice* nach (Simon, 1955).

[67] Dies würde auch dafürsprechen, dass unprofessionelle Händler eher dazu neigen an Investitionsentscheidungen festzuhalten.

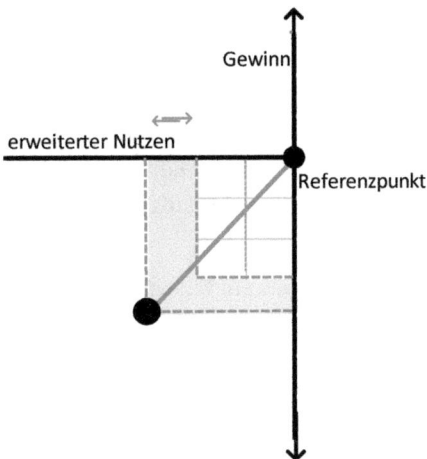

Darstellung 3: Wirkung von antizipiertem Nutzen und Kosten.
Quelle: Eigene Darstellung.

Es geht also im Endeffekt darum, dass das Wählen einer Halteposition im Verlustbereich mit weniger Anstrengung verbunden ist als die Verkaufsentscheidung, da dies impliziert eine Handlungsalternative auszuwählen, die das Individuum wieder zum Status Quo[68] zurückführt. Dieses Problem besteht im Gewinnbereich nicht, da der Status Quo bereits überschritten ist und so der Investor für seine Entscheidung befriedigt wurde.

Um den DE in diesem Kontext zu erklären wäre nun zu klären, ob eine Anpassung der erweiterten Ansprüche den Haltebereich eines Verlierers vergrößert oder verkleinern kann. So könnte eine Reduktion der erweiterten Ansprüche zusätzlichen Nutzen generieren und den Haltebereich vergrößern (Aufschieben der Entscheidung), wohingegen eine Erhöhung dazu führt, dass der Bereich verkleinert und somit eine Aktie eher verkauft wird.[69] Im Gewinnbereich wiederum sind keine adaptiven Anpassungen zu erwarten, da der Status Quo überschritten ist und kein Nutzen (Kosten) aus dem Aufschieben der Entscheidung gezogen wird, da die geforderte Entschädigung für die implizierten erweiterten Kosten bereits eingetreten ist.

---

[68] Vorstellbar ist auch ein Referenzpunkt der aufgewendete Kosten (*sunk costs*) und Renditeansprüche mit berücksichtigt.

[69] S. Darstellung 3.

3 Methodik des Experiments

3.1 Hypothesenformulierung

Im weiteren Verlauf soll experimentell getestet werden, ob diese eben beschriebenen Anspruchsanpassungen einen tatsächlich messbaren Einfluss auf den DE haben und somit einen Schritt in Richtung Validierung der aufgestellten Hypothese leisten.

Dazu soll zuerst ein Beweis erbracht werden, dass ein Zusammenhang zwischen erweiterten Ansprüchen[70] und dispositionalem Verhalten vorliegt. Die ausformulierten Hypothesen, die im weiteren Verlauf getestet werden sind daher:

Hypothese 1 (H1):

„Erweiterte Ansprüche an eine Investitionsentscheidung haben einen Einfluss auf den DE im experimentellen Kontext."

Hypothese 2 (H2):

„Geänderte erweiterte Ansprüche haben einen Einfluss auf dispositionales Verhalten."

H1 ist eine Unterschiedshypothese, die mithilfe einer manipulierten Variablen (erweitere Ansprüche) den Einfluss auf eine unabhängige (DE) testet. Dazu werden zwei Gruppen miteinander verglichen. Die Probanden ohne erweiterte Ansprüche sollten ihre Investitionsentscheidungen nur aus rein monetären Gesichtspunkten treffen, wohingegen Probanden mit vorformulierten Ansprüchen ihre Entscheidung auch in diesem Kontext reflektieren müssen. Gibt es einen signifikanten Unterschied muss dies bei H2 berücksichtigt werden, da es sich um eine vorgenommene Manipulation handelt und dies H2 verfälschen könnte. Ist die Hypothese zu negieren, kann die manipulierte Variable als Einflussfaktor ausgeschlossen werden, sodass ein Test der gesamten Stichprobe auf H2 durchaus zulässig ist.

H2 soll testen, ob Anspruchsanpassungen im Verhältnis zu „keinen" Anspruchsanpassungen einen unterschiedlichen DE aufzeigen und ob der Unterschied zwischen verringerten gegenüber erhöhten Anpassungen signifikant nachweisbar ist.

---

[70] Im Folgenden wird dieser Begriff für Intensität und Aktivität stehen und definiert sich aus den Implikationen aus Kap. 2.5. Für eine genaue Betrachtung der in der Simulation gestellten Fragen, s. Anhang 3-6.

3.2 Versuchsaufbau und Auswahl der experimentellen Variablen

Für den Gang der Auswertung empfiehlt es sich außerdem, den Versuchsaufbau und die Durchführung (Anhänge 3-6) anzuschauen.

Die Erhebung der Daten zur Analyse der vorgestellten Hypothesen erfolgte durch eine auf Microsoft Excel basierende Portfolio-Simulation.[71] Vorweg ist zu erwähnen, dass die Teilnehmer (TN) nicht informiert wurden, in welchem Kontext die Studie stattfindet. Es war weder der Themenschwerpunkt Behavioral Finance bekannt noch wurde der DE erwähnt.

Die geschätzte Bearbeitungszeit zum Durchführen der Simulation betrug circa 10 Minuten. Die Datei wurde so konzipiert, dass sie sich nur ein einziges Mal starten lässt. Damit sollte eine wiederholte Benutzung ausgeschlossen werden. Es wurden keine finanziellen Anreize gesetzt. Allerdings wurde den TN, bevor sie ihre erste Investitionsentscheidung treffen konnten, suggeriert, gegen alle anderen TN anzutreten und ihr Abschneiden am Ende in Relation sehen zu können. Damit sollte gewährleistet werden, dass die Simulation mit einer gewissen Ernsthaftigkeit durchgeführt wurde. Zur Einführung sahen alle TN die gleiche Oberfläche und gleichen Fragen. Hier wurden auch einleitend der Ablauf der Durchführung sowie der Simulationsaktienmarkt charakterisiert.[72]

Zum weiteren Ablauf wurden die TN zufällig der Testgruppe (TG) oder Kontrollgruppe (KG) zugeordnet. Die KG wurde, nachdem sie Risiko und Rendite Ansprüche (klassischen Ansprüche) geäußert haben, direkt zum Start der Simulation weitergeleitet. Die TG musste vor Beginn der Simulation ihre klassischen und erweiterten Investitionsansprüche kundtun. Im Folgenden stehen Intensität und Aktivität sinnbildlich für die erweiterten Ansprüche.[73] Jeder TN der beiden Gruppen (GN) konnte 5000 Euro auf 6 verschiedene Aktien frei verteilen.[74] Diese kosteten zu Beginn jeweils 25 Euro pro Aktie. Es wurde den TN die letzte prozentuale Kursveränderung sowie die des Gesamtmarkts angezeigt. Die Anzahl der zu handelnden Perioden war beiden GN nicht bekannt; die Simulation stoppte nach 5 Handlungsperioden (von $P_{0=Start}$ bis $P_{4=Ende}$). In jeder Periode konnten Aktien verkauft, gehalten oder

---

[71] Bei Erstellung half der Kenntnisstand der beeinflussenden Faktoren aus Kap. 2.1 und 2.2
[72] S. Anhang 3.
[73] S. Anhang 4.
[74] Zu Beginn mussten die 5000 Euro komplett in Aktien investiert werden. Es waren außerdem nur ganzzahlige Transaktionen zulässig.

gekauft werden. Es durfte dabei allerdings nie mehr ausgegeben werden, als das Subjekt in der entsprechenden Periode an finanziellen Mitteln zur Verfügung hat. Ein Makro verhinderte die Manipulation der Daten, es war den TN nicht möglich, zu einer früheren Periode zurückzukehren. Allerdings wurde in jeder Periode ein Diagramm präsentiert, an dem die bis dato vergangenen Kursänderungen ablesbar waren.[75] Nach Ablauf wurden beide Gruppen aufgefordert ihr Entscheidungsverhalten während der Simulation zu reflektieren.[76] Die Charakterisierung war der TG dabei schon bekannt, die KG wurde aber somit auch gezwungen Verhaltensanpassungen anzugeben. Abschließend wurde jedem TN eine individuelle Identnummer zugewiesen, damit er sein finales Abscheiden in der Gesamt-Stichprobe zuordnen kann.

3.3 Errechnung des Dispositionseffekts

Zur Errechnung des DE wurde folgende Formel verwendet:[77]

$$(3.1) \quad \frac{Realisierte\ Gewinner}{Realisierte\ Gewinner + nicht\ realisierte\ Gewinner} =$$
$$Verhältnis\ realisierter\ Gewinner$$

$$(3.2) \quad \frac{Realisierte\ Verlierer}{Realisierte\ Verlierer + nicht\ realiserte\ Verlierer} =$$
$$Verhältnis\ realisierter\ Verlierer$$

Als Beurteilungsreferenz eines Gewinners (Verlierers) diente der erste Einstandskurs.[78] Dieser wurde aufgrund der geringen Anzahl an Handlungsperioden so gewählt. In die Gleichungen flossen außerdem nur Zeitpunkte, an denen ein TN auch tatsächlich Aktien verkauft hat.[79] Das Verhältnis realisierter Gewinner (DEgain) zum Verhältnis realisierter Verlierer (DEloss) weist schließlich dispositionalem Verhalten einen numerischen Wert zu.

$$(3.3) \quad DE(gain) - DE(loss) = DE(gesamt)$$

---

[75] S. Anhang 5.

[76] S. Anhang 6.

[77] Vgl. (Odean, 1998 S. 1782)

[78] Es galt immer der erste Kaufkurs als Referenzpunkt.

[79] Werden demnach keine Aktien während der ganzen Simulation verkauft, wäre der DE gleich Null. Daher ist auf solche Auffälligkeiten zu achten und dies ggf. auszuschließen.

Je größer ($DE > 0$) das Ergebnis aus (3.3) wird, desto stärker liegt dispositionales Verhalten vor. Bei Werten $DE < 0$ verhält sich der TN hingegen entgegengesetzt des DE, er verkauft eher Verlierer als Gewinner. Für Werte $DE = 0$ verkauft er Gewinner und Verlierer im gleichen Verhältnis. Eine neuere und genauere Berechnung von dispositionalem Verhalten wäre mit der Cox Regression (proportional hazard analysis) möglich gewesen.[80] Um allerdings die Hypothesen zu testen, sollte an dieser Stelle die o.g. Berechnung dispositionalen Verhaltens genügen.

3.4 Charakterisierung der experimentellen Variablen

Die TN bestanden hauptsächlich aus Studierenden jeglicher Fachrichtungen. Von einer genaueren Spezifizierung wurde hier abgesehen, da die Teilnahme nicht anonymisiert durchgeführt wurde. Durch die letzte Frage[81] konnten (studentische) Vorkenntnisse zum DE nahezu ausgeschlossen werden. Die TN sollten außerdem über eine gewisse Intelligenz verfügen, um den Aufgabenstellungskontext verstehen zu können. Auch ist es nicht relevant, dass einzelne TN teilweise über Trading-Erfahrungen verfügen. Sie können trotzdem wie alle anderen als relativ „unprofessionelle" Händler eingestuft werden. Diese sind anfälliger für den DE, daher lag der Fokus der Simulation auch auf diesen TN und eine gewisse Homogenität der TN ist deshalb nicht unvorteilhaft. [82]

Die Bewegung der Aktien wurde mithilfe einer Matlab-Simulation (Monte Carlo) bestimmt. Die einzelnen Titel wurden mithilfe einer Volatilitäts- Renditekombination pro Periode über 5 Iterationen gemittelt. Jede Kombination wurde, absteigend von riskant zu risikoarm, einem der 6 verschiedenen Aktientiteln zugeordnet. Um intersubjektive Vergleichbarkeit zu gewährleisten, waren die Kursbewegungen für jeden TN identisch. Es herrschte keine Korrelation zwischen verschiedenen Aktien sowie zwischen Kurs und Investitionsentscheidungen. Die insgesamt 24 Aktienbewegungen waren hälftig auf Kursanstiege und Kursverluste verteilt.[83] Dies sollte eine theoretisch gleiche Zusammensetzung von gekauften Gewinnern zu Verlierern ermöglichen und somit eine Verzerrung der Ergebnisse verhindern. Es wurde

---

[80] Vgl. u.a. (Chiyachantana, et al., 2013 S. 15 f.).

[81] Vgl. hierzu Anhang 6.

[82] Siehe hierzu die Ausführung der Anspruchsanpassung in Kapitel 2.6

[83] S. Anhang 7. Die Rendite des Gesamtmarkts lag bei ungefähr null Prozent am Ende der 4. Periode.

außerdem davon abgesehen Trendbewegungen der Aktienkurse einzubauen, die Handlungsentscheidungen beeinflussen könnten. [84] Um eine Verzerrung durch Panikverkäufe am Ende der Laufzeit zu verhindern, wurde der Zeithorizont absichtlich nicht erwähnt.

Die Auswahl der erweiterten Investitionsansprüche der TG basiert dabei auf den in Kapitel 2.5 aufgeführten erweiterten Ansprüchen.

Alle Bewertungsfragen basierten auf einer verbalen Rating-Skala mit vier Antwortmöglichkeiten, um die Tendenz der Mittelauswahl zu verhindern und TN dadurch zu einer genaueren Auswahl zu zwingen. Die Tatsache, dass alle TN zu Beginn die gleiche Anzahl an Aktien besaßen, schafft außerdem eine gewisse anfängliche Vergleichbarkeit und kann deshalb als vorteilhaft angesehen werden.

3.5 Interne und externe Validität

Die Zuteilung der TN war komplett randomisiert und unbeeinflussbar. Aber aufgrund der Tatsache, dass die Simulation nicht in einer unveränderten Umgebung (z.B. in einem Labor) durchgeführt wurde, lässt sich nicht ausschließen, ob oder welche unbeobachtbaren (beeinflussenden) Faktoren auf den jeweiligen TN eingewirkt haben könnten. Allerdings ist nicht davon auszugehen, dass sich unbeobachtete Parameter verstärkt auf die manipulierte Variable ausgewirkt haben könnten, um eine Validität von H1 zu gefährden.

Eine uneingeschränkte Generalisierbarkeit der Testergebnisse wird nicht möglich sein, da hier eher eine Homogenität der Stichprobe vorlag. So ist hinsichtlich der Grundgesamtheit eine Validität nicht zwangsläufig gewährleistet. Auch leidet die externe Validität an der artifiziellen Durchführung des Experiments. Kritisch zu hinterfragen ist ebenfalls, inwieweit sich das Fehlen monetärer Anreize auf die Realitätskonformität des TN-Verhaltens ausgewirkt hat.

---

[84] Vgl. hierzu die Unterschiede im Versuchsaufbau bei (Weber, et al., 1998 S. 173 f.). Ziel dieser Arbeit bestand in der Analyse nicht monetärer Einflussfaktoren auf den DE.

4 Ergebnisse

Bei zwei Datensätzen wurde nach den verpflichtenden Käufen aus P_0 keine weitere Transaktion durchgeführt, sodass diese einen DE von Null aufweisen. Diese Datensätze (jeweils einer pro Gruppe) werden dennoch nicht ausgeschlossen, da in beiden die Tendenz bzgl. der Renditeforderung mit der tatsächlichen Rendite übereinstimmt, sodass eine Willkür bei der Durchführung nicht unterstellt werden sollte.[85] Somit werden alle Datensätze für die weiteren Untersuchungen zugelassen.

4.1 Analyse des Datensatzes

Insgesamt besteht die Strichprobe aus 58 Datensätzen (jeweils 29 in der TG bzw. KG) mit 36 männlichen und 22 weiblichen Partizipanten.[86] Dabei verteilten sich die weiblichen und männlichen TN genau identisch auf die KG und TG. Das Alter der TN liegt zwischen 18 und 63 Jahren, wobei 72 Prozent der TN zwischen 18-28 Jahren waren, was mit der Einschätzung aus Kapitel 3.3 übereinstimmt. Die Expertise verteilte sich auch wie erwartet. Nur 5 TN gaben an, sich „sehr gut mit Aktien" (3. Frage, 4. Antwortmöglichkeit[87]) auszukennen. Lediglich die Verteilung der Auswahlmöglichkeiten 1 und 2 (gar keine bzw. kaum Expertise erwartbar) ist im Vergleich der beiden GN unterschiedlich, allerdings fast gleich groß, betrachtet man Ausprägung 1 und 2 zusammmen.

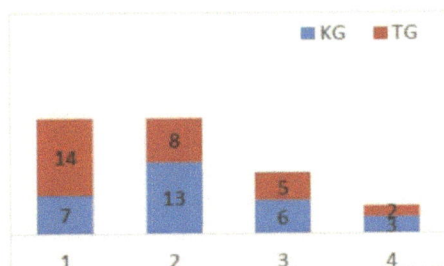

Darstellung 4: Verteilung der Expertise.
Quelle: Eigene Darstellung.

---

85   Vgl. hierzu die ID 1 und 44 im Datensatz, s. Anhang 9 und 10.

86   Interessanterweise erzielten die männlichen TN dabei einen höheren Yield bei nahezu gleicher Anzahl von Transaktionen. Vgl. (Barber, et al., 2013 S. 1536).

87   Vgl. hierzu Darstellung 4. Für die jeweilige Codierung, s. Anhang 8.

Bei den Ansprüchen wählten 72 Prozent der TN die Ausprägungen 2 und 3 der Renditeansprüche (ähnlich bei Risikoansprüchen).[88] Dies setzte sich auch bei den gewählten erweiterten Ansprüchen fort (nur TG).

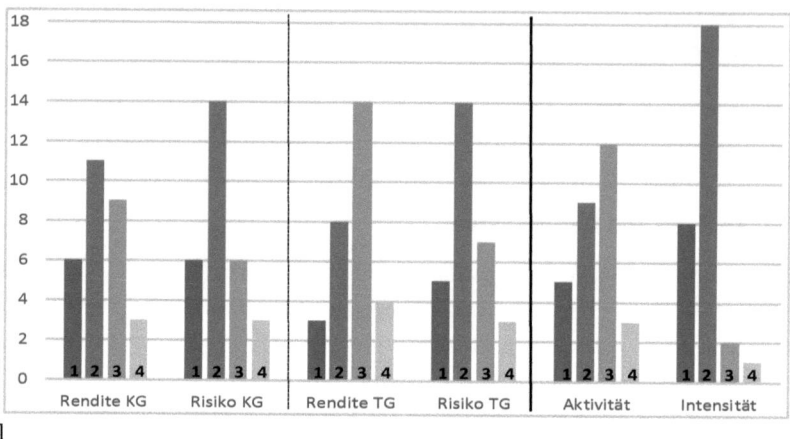

l

Darstellung 5: Ausprägungen der Ansprüche zwischen TG und KG.
Quelle: Eigene Darstellung.

Bei den angepassten erweiterten Ansprüchen aller TN war die Ausprägung „ja, erhöht" am häufigsten vertreten.[89] Außerdem nahmen über die Hälfte aller TN keine Renditeanpassungen vor. Auffällig ist auch, dass insgesamt 93 Prozent der TN entweder die Intensität oder die Aktivität angepasst haben und lediglich 3 Probanden der KG überhaupt keine Anspruchsanpassungen vornahmen.[90]

---

[88] S. Darstellung 5.
[89] S. Darstellung 6.
[90] Diese zeigten allerdings keine nennenswerten Auffälligkeiten.

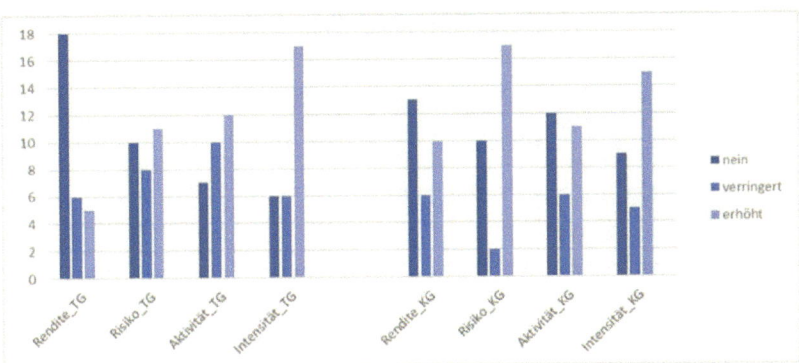

Darstellung 6: Ausprägungen der angepassten Ansprüche.
Quelle: Eigene Darstellung.

Bezüglich der totalen Transaktionen[91] ist nur bei den unterschiedlichen Ausprägungen von angepasster Aktivität ein Unterschied feststellbar. So ist der Wert zwischen angepasster Aktivität[92] („verringert" zu „erhöht") mit 130 Transaktionen in der Differenz am deutlichsten. Auch lag eine Differenz von mehr als 30 Transaktionen im Falle eines Verlustes vor.[93]

Angepaasste Aktivität					
			ja		
		nein	verringert	erhöht	Gesamt
	KG	12	6	11	29
Aktivität	TG 1	2	2	1	5
	2	3	1	5	9
	3	2	5	5	12
	4	0	2	1	3
Gesamt (nur TG)		7	10	12	29
Gesamt		19	16	23	58

Darstellung 7: Kreuzdiagramm von Aktivität zu angepasster Aktivität (links).
Quelle: Eigene Darstellung.

---

[91] S. Anhang 12 für ein Streudiagramm der Transaktionen aller TN.

[92] S. Darstellung 7 (gelbe Markierung): Eine Verringerung impliziert eine Reduktion der Aktivität (getätigten Transaktionen) im Verlauf und umgekehrt. So müsste sich auch der Mittelwert unterscheiden.

[93] S. Darstellung 8. Allerdings ist der Unterschied nicht statistisch signifikant. T-Test auf Mittelwertgleichheit, s. Anhang 11. Dieser hat trotz Verletzung der Normalverteilung durchaus hohe Aussagekraft bei gleicher Stichprobengröße, vgl. hierzu die Angaben bei (Rasch, et al., 2010 S. 59).

Angepasste Aktivität		TN		TG	
		N	Mittelwert	N	Mittelwert
Verkäufe loss	verringert	16	204	10	272
	erhöht	23	259	12	238
Transaktionen total	verringert	29	547	10	603
	erhöht	29	536	12	467

Darstellung 8: Mittelwert der Transaktionen (rechts).
Quelle: Eigene Darstellung.

Auffällig ist auch die Verteilung des Yields (erzielte Rendite) zwischen KG und TG. Im Durchschnitt übertraf die KG die TG um das Zweifache.[94] Lediglich 7 der 28 Probanden der TG erzielten negative Ergebnisse; 11 in der KG.

4.2 Analyse des Dispositionseffekts

Ausgehend von der z-standardisierten Schiefe und Kurtosis bei einem Signifikanzniveau von 5 Prozent ist lediglich der DE der KG normalverteilt, nicht aber der DE der gesamten Stichprobe.[95] Allerdings weichen die Testergebnisse bei Betrachtung der Histogramme nicht so stark von einer Normalverteilung ab, sodass diese trotz allem unterstellt werden kann.[96]

	DEgesamt	DE_TG	DE_KG	DEloss_TG	DEloss_KG
Anzahl	58	29	29	29	29
Mittelwert	-,0013	-,0823	,0797	,3591	,3112
Median	,0000	-,0452	,0139	,2600	,2346
Standardabweichung	,3033	,3093	,2792	,3213	,3043
Varianz	,0920	,0957	,0779	,1032	,0926
Schiefe	-,4264	-1,1395	,6091	1,1246	1,3356
Standardfehler der Schiefe	,3137	,4335	,4335	,4335	,4335
Z-Standardisierung der Schiefe	-1,3592	-2,6283	1,4050	2,5940	3,0807
Kurtosis	2,0468	1,7358	1,1564	,1623	,7659
Standardfehler der Kurtosis	,6181	,8452	,8452	,8452	,8452
Z-Standardisierung der Kurtosis	3,3113	2,0537	1,3681	,1920	,9062

Darstellung 9: Auswertung deskriptive Statistik des DE. DEgesamt = DE aller TN; DE_TG = DE der TG; DE_KG = DE der KG.

---

[94] S. Anhang 14: Pearson Korrelation, vgl. (Rasch, et al., 2010 S. 125 f.).

[95] Vgl. die Werte der Z-Schiefe und Z-Kurtosis des DEgesamt aus Darstellung 9 mit dem Signifikanzwert von 1,96 (bei 5%). Werte größer als 1,96 deuten bei diesem Niveau auf keine Normalverteilung hin, s. (Rasch, et al., 2010 S. 207).

[96] S. Darstellung 10. Für Tests auf Normalverteilung, s. Anhang 16 und 17.

Quelle: Eigene Darstellung.

Die Werte des DE liegen in der gesamten Stichprobe fast hälftig unterhalb und oberhalb von Null (26 negative, 28 positive).[97] Innerhalb der beiden GN verteilte sich der negative DE mit 58 Prozent auf die TG.[98]

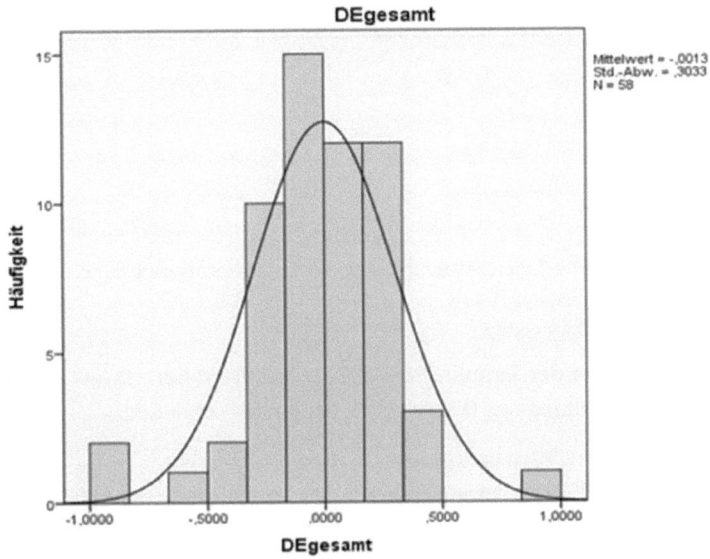

Darstellung 10: Histogramm der Häufigkeitsverteilung des DE. (rechts)
Quelle: Eigene Darstellung mit SPSS.

[97] 28 Personen weisen dispositionales Verhalten auf, die anderen 26 dagegen ein umgekehrtes dispositionales Verhalten.
[98] S. hierfür Achsenabschnitte der Darstellung 11.

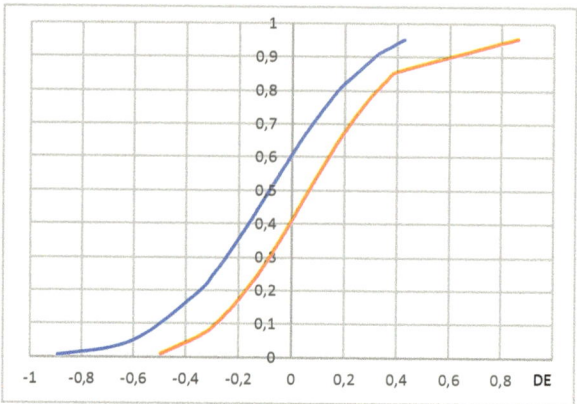

Darstellung 11: Kumulierte Wahrscheinlichkeiten bei Normalverteilung. Blau: DE TG, gelb: DE KG. (links)
Quelle: Eigene Darstellung.

Ähnliche Steigungen der kumulierten Wahrscheinlichkeiten lassen auf eine sehr symmetrische Verteilung des DE zwischen beiden GN schließen.

Die Beobachtung der Mittelwerte des DE zwischen beiden GN zeigt eine relative Differenz von 0,162. Diese ist auch signifikant bei einem Niveau von 5 Prozent[99], allerdings mit einer kleinen Effektstärke von 0,277.[100] Die gesamte Stichprobe weist dabei einen negativen Mittelwert des gesamten DE aus.

Bei den Mittelwerten der angepassten erweiterten Ansprüche sind unterschiedliche Differenzen festzustellen. So sind die Differenzen der angepassten Intensität größer als zwischen angepasster Aktivität.[101] Dieser Trend ist ebenfalls, wenn auch nicht so ausgeprägt, bei der TG nachweisbar. Bei der Analyse der angepassten erweiterten Ansprüche wird aufgrund unterschiedlich großen Stichproben zwischen den einzelnen Faktorstufen von einer parametrischen Analyse abgesehen.[102]

---

[99] S. Anhang 15 für T-Test auf Mittelwertgleichheit.
[100] S. Anhang 15 für die Berechnung der Effektstärke gemäß (Cohen, 1988 S. 82).
[101] S. Diagramm 12.
[102] Vgl. (Methodenberatung.uzh.ch, 2016). Für die einzelnen Faktorstufen, s. Darstellung 12.

			Stichprobe		TG		
		N	Mittelwert DEgesamt	Mittelwert DEloss	N	Mittelwert DE TG	Mittelwert DEloss TG
Angepasste Aktivität	nein	19	-,0344	,3694	6	-,1879	,4444
	verringert	16	,0095	,3069	6	-,1570	,4269
	erhöht	23	,0185	,3266	17	,0417	,2529
Angepasste Intensität	nein	19	,0107	,2689	6	-,0778	,3095
	verringert	16	-,0975	,5494	6	-,2532	,6049
	erhöht	23	,0261	,2926	17	-,0235	,2899
	Gesamt	58	-,0013	,3352	29	-,0823	,3591

Darstellung 12: Mittelwerte des DE bei angepassten erweiterten Ansprüchen.
Quelle: Eigene Darstellung.

Das Ergebnis des unparametrischen Tests lässt nicht auf Signifikanz schließen, weder für die TG noch für die gesamte Stichprobe.[103] Eine Kombination beider Variablen (angepasste Intensität, Aktivität) zeigt bei graphischer Analyse keinen globalen Trend zwischen beiden (weder für DEgesamt noch für DEloss), der auf Interaktion der beiden Variablen untereinander schließen lässt.[104]

4.3 Hypothesentests

H1 ist an dieser Stelle nicht zu verwerfen. Es liegt ein beobachtbarer Unterschied des DE zwischen den beiden GN vor. Dies bestätigt auch die parametrische Analyse. Aufgrund der Robustheit des T-Tests gegenüber Verletzungen der Normalverteilung ist dessen Aussagestärke durchaus gewährleistet.[105] Zugleich konnte gezeigt werden, dass formulierte erweiterte Ansprüche in dieser Studie dazu führten, dass sogar ein negativer DE bei der TG auftrat.

H2 ist an dieser Stelle abzulehnen. Es gibt zwar in beiden GN überwiegend Anspruchsanpassungen, allerdings haben diese Veränderungen keinen Einfluss auf den getesteten Parameter des DE (und auch nicht auf den DEloss) innerhalb der TG. Auch durch eine differenziertere Betrachtung der beiden angepassten (erweiterten) Ansprüche lässt sich keine signifikante Korrelation feststellen.

---

[103] S. Anhang 20. Das Ergebnis ist hoch insignifikant, daher wurde von einem paarweisen Vergleich abgesehen. Eine Kombination beider Variablen um Interdependenzen aufzuzeigen ist mit dem Kruskal-Wallis-Test nicht möglich.

[104] S. Anhang 18 und 19.

[105] Vgl. hierzu (Rasch, et al., 2010 S. 59).

5 Diskussion

5.1 Beurteilung der Ergebnisse

Anhand der erhobenen Daten und der Zusammensetzung der beiden GN ist eine mögliche Invalidität der Testdaten nicht nachzuweisen. Der Datensatz zeigt keine Auffälligkeiten einer unerwarteten Verteilung von Rendite- und Risikoansprüchen sowie hinsichtlich Alter und Geschlecht zwischen beiden GN. Auch verhielt sich die TG ihren formulierten Ansprüchen und Anpassungen entsprechend.[106] Wie bereits in Kapitel 3.5 erwähnt, sollte allerdings von einer Generalisierbarkeit aufgrund der Zusammensetzung der Stichprobe abgesehen werden.[107]

Es konnte innerhalb der Stichprobe bewiesen werden, dass Versuchsteilnehmer der KG tendenziell tatsächlich dem DE unterliegen, was sich mit den Annahmen aus Kapitel 2.1. deckt.[108] Dieser liegt recht nah an dem von (Oehler, et al., 2003), ebenfalls im experimentellen Kontext, ermittelten Wert.[109] Unklar ist allerdings, warum die TG im Schnitt über 5 Prozent weniger Rendite im Beobachtungszeitraum erreichte als die KG. Nach den in Kapitel 1.1 aufgeführten empirischen Beobachtungen wäre das Gegenteil zu erwarten gewesen. Anhand der erhobenen Daten ist keine logische Erklärung möglich.

Das Annehmen von H1 impliziert einen tatsächlich signifikanten Unterschied des abhängigen Parameters (DE) zwischen den beiden GN (bei allerdings einer kleinen Effektstärke). Es kann demnach innerhalb dieser Stichprobe davon ausgegangen werden, dass die manipulierte Variable einen Einfluss auf den DE im experimentellen Kontext hat. Es konnte allerdings kein Unterschied im Verlustfall zwischen beiden GN festgestellt werden. Zwar hat die TG tendenziell mehr Verlierer verkauft als die KG, allerdings besaßen sie auch insgesamt mehr Verlierer, was ergo zu einem ähnlichen DE im Verlustbereich führt. Daraus lässt sich zumindest nicht nach den prognostizierten Anpassungen des Verlustbereichs aus Kapitel 2.5 schließen, dass vorformulierte erweiterte Ansprüche ursächlich für den Unterschied des DE sind. So besteht der Unterschied eher bzgl. des DE im Gewinnfall.

---

[106] Dies impliziert die Betrachtung der totalen Transaktionen bzgl. der angegebenen Aktivität, s. Kapitel 4.1.

[107] Vgl. hierzu Stichprobenfehler bei (Rasch, et al., 2010 S. 135).

[108] Bei einem DE von 0,08. S. Darstellung 9.

[109] Vgl. hierzu den DE bei Annahme des Kaufpreises (PP) als Referenzpunkt, (Oehler, et al., 2003 S. 519).

Es bleibt festzuhalten, dass eine Korrelation durch vorformulierte Ansprüche besteht, diese sich aber nicht mit den Annahmen bzgl. des dispositionalen Verhaltens aus Kapitel 2.5 erklären lassen. Ob trotzdem eine Kausalität zwischen den vorformulierten erweiterten Ansprüchen oder ob ein anderer Faktor ursächlich für den unterschiedlichen DE ist, bleibt offen. So könnte beispielsweise die Manipulation selbst die Ursache sein. Es muss nämlich davon ausgegangen werden, dass trotz der Manipulation auch die KG mit erweiterten Ansprüchen die Simulation durchgeführt hat.[110]

Außerdem folgt aus der Ablehnung von H2, dass der im Kapitel 2.5 prognostizierte Zusammenhang von angepassten Ansprüchen im Verlustfall ebenfalls nicht besteht. Es konnte keine Signifikanz zwischen dem DE und den unterschiedlichen Ausprägungen der erweiterten angepassten Ansprüche festgestellt werden. Für den DE im Verlustfall waren die mittleren Differenzen sogar noch wesentlich geringer. Anhand der Daten konnte allerdings hierzu kein ausschlaggebender Grund gefunden werden. Damit ist zumindest in diesem Kontext widerlegt, dass (erweiterte) Anspruchsanpassungen Auswirkungen auf dispositionales Verhalten haben. Weder im Verlust noch im Gewinnbereich.

Es konnte allerdings aufgezeigt werden, dass Anspruchsanpassungen sowohl bei der TG als auch bei der KG vorliegen.

5.2 Fazit und kritische Würdigung des Experiments

Festzuhalten bleibt, dass die Wahl des Versuchsaufbaus nicht dazu beigetragen hat, dispositionales Verhalten im Kontext der erweiterten Anspruchsanpassung zu klären. So wäre ein Versuchsaufbau denkbar, bei dem es ausschließlich darum geht, das dispositionale Verhalten im Verlustfall zu messen (bspw. in dem die einzelnen Verkaufszeitpunkte mit der entsprechenden Performance des Individuums in Verbindung gebracht wird) und so direkt Rückschlüsse auf vorgenommene Anpassungen zu untersuchen. So wäre dies mit mithilfe der Cox Regression vorteilhafter um die Halte- und Verkaufsentscheidungen auch qualitativ zu bewerten. Ebenfalls wäre für die Auswertung der Daten hilfreich gewesen, eine einheitliche Stichprobe der Faktorengrößen der angepassten Ansprüche zu haben, um eine Varianzanalyse valider durchführen zu können. Eine Differenzierung zwischen Intensität und Aktivität hätte nicht vorgenommen werden müssen, um die Hypothesen zu

---

[110] Dafür spricht zumindest, dass diese auch Anspruchsanpassungen angegeben haben.

untersuchen. So wäre beispielweise eine differenzierte Rating-Skala (mit nur einem erweiterten Anspruch aber vier Auswahlmöglichkeiten) von Vorteil gewesen, um mögliche Trends detaillierter aufzuzeigen.

Was das Experiment allerdings beweisen konnte, ist, dass erweiterte Ansprüche im Kontext der Investitionsentscheidungen sowohl wahrgenommen als auch angepasst werden.

Ich bin der Meinung, dass Ansprüche, die über eine Renditebeziehung hinausgehen, sehr wohl dazu beitragen können den DE besser zu verstehen. Allem voran schafft es eine andere verhaltensorientierte Perspektive (im Vergleich mit PT und RPT) auf die Entscheidungsfindung in der Verlustzone und warum diese doch eine gewisse subjektive Rationalität besitzen könnten. Leider konnte das Experiment dafür keinen signifikanten Beweis erbringen.

Literaturverzeichnis

Arkes, H. R. und Blumer, C. 1985. The psychology of sunk cost. *Organizational Behavior and Human Decision Processes*. 1985, Bd. 35, 1, S. 124-140.

Barber, B. M. und Odean, T. 2013. Chapter 22 - The Behavior of Individual Investors. *Handbook of the Economics of Finance*. Amsterdam : Elsevier B.V., 2013, Bd. 2, S. 1535-1565.

Barberis, N und Xiong, W. 2009. What Drives the Disposition Effect? An Analysis of a Long-Standing Preference-Based Explanation. *The Journal of Finance*. 2009, Bd. 64, 2, S. 751-784.

Barberis, N. und Xiong, W. 2012. Realization utility. *Journal of Financial Economics*. 2012, Bd. 104, 2, S. 251-271.

Bloomfield, R. 2008. Behavioural Finance. *The New Palgrave Dictionary of Economics*. London : Durlauf S.N.; Blume L.E., 2008, S. 438-444.

Chiyachantana, C. N. und Yang, Z. 2013. Reference Point Adaptation and Disposition Effect. *Research Collection Lee Kong Chian School Of Business*. Singapore : Singapore Management University, 2013.

Cohen, J. 1988. *Statistical Power Analysis for the Behavioral Sciences*. Hoboken : Taylor and Francis, 1988.

Constantinides, G. 1984. Optimal stock trading with personal taxes: Implications for prices and the abnormal January returns. 1984, Bd. 13, 1, S. 65-89.

Da Costa Jr., N., et al. 2013. The disposition effect and investor experience. *Journal of Banking & Finance*. 2013, Bd. 37, 5, S. 1669-1675.

Dacey, R. und Zielonka, P. 2008. A detailed prospect theory explanation of the disposition effect. *Journal of Behavioral Finance*. 2008, Bd. 9, 1, S. 43-50.

Dhar, R. und Zhu, N. 2006. Up Close and Personal: An Individual Level Analysis of the Disposition Effect. *Management Science*. 2006, Bd. 52, 5, S. 726-740.

Eisenführ, Franz , Weber, Martin und Langer, Thomas . 2010. *Rationales Entscheiden*. 5. Berlin Heidelberg : Springer-Verlag , 2010.

Eom, Y. 2018. The opposite disposition effect: Evidence from the Korean stock index futures market. *Finance Research Letters, Articles in press*. 2018.

Fama, E. F. 1970. Efficient Capital Markets: A Review of Theory and Empirical Work. *The Journal of Finance.* 1970, Bd. 25, 2, S. 383-417.

Feng, L. und Seasholes, M. S. 2005. Do investor sophistication and trading experience eliminate behavioral biases in financial markets? *Review of Finance.* 2005, Bd. 9, S. 305–351.

Festinger, L. 1957. A theory of cognitive dissonance. Standford : Stanford University Press, 1957.

Fischer, K. 2004. *Aspekte einer empirisch fundierten betriebswirtschaftlichen Entscheidungslehre: Neuere Entwicklungen bei Entscheidungen unter Risiko.* Wiesbaden : Deutscher Universitätsverlag, 2004.

Grinblatt, M. und Han, B. 2005. Prospect theory, mental accounting, and momentum. *Journal of Financial Economics.* 2005, Bd. 78, 2, S. 311-339.

Grinblatt, M. und Keloharju, M. 2001. What makes investors trade? *Journal of Finance.* 2001, Bd. 56, S. 589–616.

Grinblatt, M., Keloharju, M. und Linnainmaa, J.T. 2012. IQ, trading behavior, and performance. *Journal of Financial Economics.* 2012, Bd. 104, 2, S. 339-362.

Kahneman, D. 2012. *Schnelles Denken, langsames Denken.* [Übers.] Thorsten Schmidt. 5. München : Siedler Verlag, 2012.

Kahneman, D. und Tversky, A. 1979. Prospect Theory: An Analysis of Decision under Risk. *Econometrica.* 1979, Bd. 47, S. 263-292.

—. 1981. The Framing of Decisions and the Psychology of Choice. *Science, New Series.* 1981, Bd. 211, 4481, S. 453-458.

Kaustia, M. 2010. Prospect Theory and the Disposition Effect. *Journal of Financial and Quantitative Analysis.* 2010, Bd. 45, 3, S. 791-812.

Kőszegi, B und Rabin, M. 2006. A Model of Reference-Dependent Preferences. *The Quarterly Journal of Economics.* 2006, Bd. 121, 4, S. 1133-1165.

Kyle, A. S., Ou-Yang, H. und Xiong, W. 2006. Prospect theory and liquidation decisions. *Journal of Economic Theory.* 2006, Bd. 129, S. 273-288.

Lerner, J. S. und Keltner, D. 2000. Beyond valence: Toward a model of emotion-specific influences on judgement and choice. *Cognition & Emotion.* 2000, Bd. 14, 4, S. 473–493.

Li, Y. und Yang, L. 2013. Prospect theory, the disposition effect, and asset prices. *Journal of Financial Economics.* 2013, Bd. 107, 3, S. 715-739.

Meng, J. 2010. The Disposition Effect and Expectations as Reference Point. *Job Market Paper.* San Diego : University of California, San Diego, 2010.

Meng, J. und Weng, X. 2016. Can Prospect Theory Explain the Disposition Effect? A New Perspective on Reference Points. *Working Paper.* Peking : Guanghua School of Management, Peking University., 2016.

Methodenberatung.uzh.ch. 2016. Methodenberatung.uzh.ch. [Online] Universität Zürich, 14. 09 2016. [Zitat vom: 15. 3. 2018.] http://www.methodenberatung.uzh.ch/de/datenanalyse/unterschiede/z entral/mvarianz.html#K3_3.

Muermann, A und Volkman, J. M. 2006. Regret, Pride, and the Disposition Effect. *PARC Working Paper Series 11.* Pennsylvania : University of Pennsylvania, 2006.

Odean, T. 1998. Are investors reluctant to realize their losses? *Journal of Finance.* 1998, Bd. 53, 5, S. 1775-1798.

Oehler, A., et al. 2003. Coexistence of disposition investors and momentum traders in stock markets: experimental evidence. *Journal of International Financial Markets, Institutions and Money.* 2003, Bd. 13, 5, S. 503-524.

Rasch, B., et al. 2010. *Quantitative Methoden 1. Einführung in die Statistik für Psychologen und Sozialwissenschaftler.* Heidelberg : Springer-Verlag Berlin Heidelberg, 2010. Bd. 3.

Ricciardi, V. und Simon, H. 2000. What is Behavioral Finance? *Business, Education & Technology Journal.* 2000, Bd. 2, 1, S. 1-9.

Schlarbaum, G. G., Lewellen, W. G. und Lease, R. C. 1978. Realized Returns on Common Stock Investments: The Experience of Individual Investors. *The Journal of Business.* 1978, Bd. 51, 2, S. 299-325.

Seru, Amit, Shumway, Tyler und Stoffman, Noah. 2010. Learning by Trading. *The Review of Financial Studies.* 2010, Bd. 23, 2, S. 705–739.

Shefrin, Hersh und Statman, Meir. 1985. The Disposition to Sell Winners Too Early and Ride Losers Too Long: Theory and Evidence. *The Journal of Finance.* 1985, Bd. 40, 3, S. 777-790.

Simon, H. A. 1955. Behavioral Model of Rational Choice. *The Quarterly Journal of Economics.* 1955, Bd. 69, 1, S. 99-118.

—. 1959. Theories of Decision-Making in Economics and Behavioral Science. *The American Economics Review.* 1959, Bd. 49, 3, S. 269-289.

Stirling, W. C. und Felin, T. 2016. Satisficing, preferences, and social interaction: a new perspective. 2016, Bd. 81, 2, S. 279-308.

Summers, B. und Duxbury, D. 2012. Decision-dependent emotions and behavioral anomalies. *Organizational Behavior and Human Decision Processes.* 2012, Bd. 118, 2, S. 226-238.

—. 2007. Unraveling the Disposition Effect: The Role of Prospect Theory and Emotions. *Working paper.* Leeds : Leeds University Business School, 2007.

Thaler, R. 1999. Mental accounting matters. *Journal of Behavioral Decision Making.* 1999, Bd. 12, 3, S. 183-206.

Tversky, A. und Kahneman, D. 1992. Advances in Prospect Theory: Cumulative Representation of Uncertainty. *Journal of Risk and Uncertainty.* 1992, Bd. 5, S. 297-323.

Vlcek, M. 2007. *Individual Trading Behavior.* Zürich : Dissertation for the Faculty of Economics, Business Administration and Information Technology of University of Zurich, 2007.

Weber, M. und Camerer, C. F. 1998. The disposition effect in securities trading: an experimental analysis. *Journal of Economic Behavior & Organization.* 1998, Bd. 33, 2, S. 167-184.

Zuchel, H. 2001. The Disposition Effect: Explanations, Experimental Evidence, and Implication for Asset Pricing. Mannheim : Fakultät der Wirtschaftswissenschaften der Universität Mannheim, 2001.

Anhang

Anhang 1: Befragung zu Investitionsentscheidungen

Befragung zu Investitionsentscheidungen

Ihre Antwort ist anonym.

* Erforderlich

1. Stellen Sie sich vor Sie besitzen eine Aktie und verfehlen ihre Renditeziele. Die Aktie befindet sich leicht im Minus. Sie können nun Handlungsalternativen ergreifen, aber zuvor müssen Sie die Situation beurteilen.
Welche Faktoren sind ihnen neben der Rendite noch wichtig und werden bei ihrer Entscheidungsfindung mitberücksichtigt? *
Nur eine Ankreuzmöglichkeit erlaubt.

○ 1. Rendite ist mir zu jeder Zeit am wichtigsten, ich würde alle anderen Faktoren unterordnen.

○ 2. Rendite ist mir wichtig, ich würde aber auch andere Faktoren, wie Zeit und Anstrengung, bei der Bewertung berücksichtigen und meine Renditewünsche eventuell neu bedenken.

○ 3. Rendite ist mir wichtig, ich würde zwar auch andere Faktoren berücksichtigen, aber meine Renditewünsche nicht korrelieren.

2. Stellen Sie sich vor Sie besitzen eine Aktie und verfehlen ihre Renditeziele. Die Aktie befindet sich leicht im Minus. Nun ist aber die ihnen zu Verfügung stehende Zeit sowie mentale Belastbarkeit begrenzt (durch Beruf, Kinder, Verpflichtungen, usw.). und Sie müssen sich überlegen was für eine Handlungsalternative Sie ergreifen. *
Nur eine Antwortmöglichkeit erlaubt.

○ 1. Rendite ist mir nach wie vor zu jeder Zeit am wichtigsten, ich ordne alle anderen Faktoren unterordnen.

○ 2. Rendite ist mir wichtig, ich würde aber auch andere Faktoren bei der Bewertung berücksichtigen und meine Renditewünsche eventuell neu bedenken.

○ 3. Rendite ist mir wichtig, ich würde zwar auch andere Faktoren berücksichtigen, aber meine Renditewünsche nicht korrelieren.

Absenden

Anmerkung: Anonymisierte Umfrage, veröffentlicht im Internet durch Mircosoft Forms.
Quelle: Eigene Darstellung.

Anhang 2: Ergebnis der Befragung zu Investitionsentscheidungen

1. Stellen Sie sich vor Sie besitzen eine Aktie und verfehlen ihre Renditeziele. Die Aktie befindet sich leicht im Minus. Sie können nun Handlungsalternativen ergreifen, aber zuvor müssen Sie die Situation beurteilen. Welche Faktoren sind ihnen neben der Rendite noch wichtig und werden bei ihrer Entscheidungsfindung mitberücksichtigt?

   Weitere Details

   ● 1. Rendite ist mir zu jeder Zeit a... 32
   ● 2. Rendite ist mir wichtig. ich wür... 18
   ● 3. Rendite ist mir wichtig. ich wür... 39

2. Stellen Sie sich vor Sie besitzen eine Aktie und verfehlen ihre Renditeziele. Die Aktie befindet sich leicht im Minus. Nun ist aber die ihnen zu Verfügung stehende Zeit sowie mentale Belastbarkeit begrenzt (durch Beruf, Kinder, Verpflichtungen, usw.). und Sie müssen sich überlegen was für eine Handlungsalternative Sie ergreifen.

   Weitere Details

   ● 1. Rendite ist mir zu jeder Zeit a... 5
   ● 2. Rendite ist mir wichtig. ich wür... 60
   ● 3. Rendite ist mir wichtig. ich wür... 24

Anmerkung: Auswertung durch Microsoft Forms, Reihenfolge der Fragen identisch zu Fragebogen.
Quelle: Eigene Darstellung.

Anhang 3: Versuchsaufbau – Intro (1/4)

Bachelorarbeit, Wirtschaftswissenschaften, Goethe Universität Frankfurt

Dauer: 8 - 10 min

Vorwort: Willkommen zu meiner Simulationsstudie! Bitte beachte sie, dass die Simulation nur ein einziges Mal durchgeführt werden kann. Zum Starten müssen Sie bitte **"Makros" für diese Excel-Datei zulassen bzw. aktivieren**. Am Ende wird automatisch eine Auswertungsdatei erstellt (nicht bei Mac). Die Auswertungsdatei bzw. diese Datei bitte an mich zurückschicken. Details zum Hintergrund sowie das persönliche Abschneiden im Verhältnis zu allen anderen Teilnehmern erfahren Sie nach Auswertung der Daten.

Personalisierte Daten

1. Alter:

2. Geschlecht: ○ männlich   ○ weiblich

3. Expertise: Investieren Sie (regelmäßig) am Aktienmarkt, aktiv durch Aktienhandel oder passiv durch z.B. Fondsparpläne? Haben Sie, durch beruflich oder studentische Ausbildung, Erfahrungen mit Aktien?

Bitte auswählen

○ Trifft voll zu   ○ Trifft teilweise zu   ○ Trifft eher nicht zu   ○ Trifft gar nicht zu

Aufbau: In dieser Aktiensimulation haben Sie die Möglichkeit in mehreren Perioden ein Depot aus insgesamt 6 verschiedenen Aktien zusammenzustellen. Es dürfen in jeder Periode Aktien gekauft & verkauft (oder lediglich gehalten werden). Die Aktien unterscheiden sich dabei bzgl. ihrer Rendite sowie ihrer Volatilität. Die Volatilität gibt dabei Auskunft über die Schwankungsbreite einer Aktie gegenüber ihrem Mittelwert in einem bestimmten Zeitraum. Je größer diese Schwankungsbreite ist, desto volatiler und damit risikoreicher ist ein Wertpapier.

Folgende Annahmen gelten: Keine Dividendenzahlungen, keine Inflation, keine Transaktionskosten, keine Leerverkäufe.

Handlungsperioden: Die Anzahl der Perioden ist ihnen nicht bekannt. Die Simulation hört automatisch auf, sobald eine bestimmte Periode erreicht wurde.

Budget: €5.000   Während der Simulation dürfen sie nie mehr ausgeben, als sie in der jeweiligen Periode besitzen.

Aktienauswahl Alle Angaben beziehen sich nicht auf reale Aktien oder beobachtete Kurse. Die Kurse beruhen auf einer Zufallszeitreihe, die vorab bestimmt wurde und nicht durch ihr Verhalten beeinflusst wird.

Auswahl	Veränderung zur Vorperiode
Aktie A	9,7%
Aktie B	8,4%
Aktie C	5,9%
Aktie D	4,2%
Aktie E	3,3%
Aktie F	2,2%
Gesamtmarkt	5,5%

Szenario: Versetzen Sie sich in folgendes Szenario:
Sie möchten dieses Geld für sich Anlegen! Sie planen sich eine lang ersehnte Anschaffung endlich zu erfüllen. Sie kennen die geschätzte Marktrendite und möchten das Geld auf jeden Fall am Kapitalmarkt anlegen, da Sie durch die momentane Zinssituation Kapital auf ihre Einlagen verlieren.

4. Renditeforderung Welche Renditeforderung haben Sie an ihr Portfolio (im Verhältnis zur Marktrendite)?

○ höher   ○ eher höher   ○ eher niedriger   ○ niedriger

5. Risikobereitschaft Wie viel Risiko sind sie bereit einzugehen?

○ hoch   ○ eher hoch   ○ eher gering   ○ gering

Start

Anmerkung: Versuchsaufbau eigenhändig erstellt.
Quelle: Eigene Darstellung.

Anhang 4: Versuchsaufbau – Start (2/4)

| erweiterte Investionsansprüche | Bitte bewerten Sie Ihre Handlungspräferenzen unter folgenden Entscheidungen: |

6. Aktivität Wie aktiv möchten Sie handeln?

○ hoch ○ eher hoch ○ eher gering ○ gering

7. Intensität Wie zeitintensiv möchten Sie sich mit den zu treffenden Entscheidungen (Kauf/Verkauf/Halten) auseinandersetzen?

○ hoch ○ eher hoch ○ eher gering ○ gering

Auswertung & Score Am Ende der Simulation können Sie ihre Perfomance hinsichtlich des Gesamtmarktes einsehen. Eine Identnummer wird ihnen dann die Möglichkeit geben, ihr Abschneiden im Vergleich zu allen anderen Teilnehmer zu sehen. Ein Link der vollständigen Auswertung erhalten Sie per Mail.

Tragen Sie dafür bitte Ihre Email Adresse ein.

Email: [   ] (optional)

Start Bitte legen Sie zu Beginn, den vollen Betrag in Aktien an. Dies gilt nur jetzt.
Wenn Sie Ihr Portfolio zusammengestellt haben, klicken Sie auf "weiter".
In jeder Periode können Aktien verkauft und neue erworben werden.
Viel Erfolg!

	Aktie A	Aktie B	Aktie C	Aktie D	Aktie E	Aktie F
Kurs	25,00 €	25,00 €	25,00 €	25,00 €	25,00 €	25,00 €
Stück						
Wert	€ -	€ -	€ -	€ -	€ -	€ -
Gewichtung	0,00%	0,00%	0,00%	0,00%	0,00%	0,00%

Auswahl	Veränderung zur Vorperiode in %
Aktie A	9,7%
Aktie B	8,4%
Aktie C	5,9%
Aktie D	4,2%
Aktie E	3,3%
Aktie F	2,2%
Gesamtmarkt	5,5%

Gesamtwert

0,00 €

Butget

5.000,00 €

weiter

Quelle: Eigene Darstellung

Anhang 5: Versuchsaufbau – Beispielperiode (3/4)

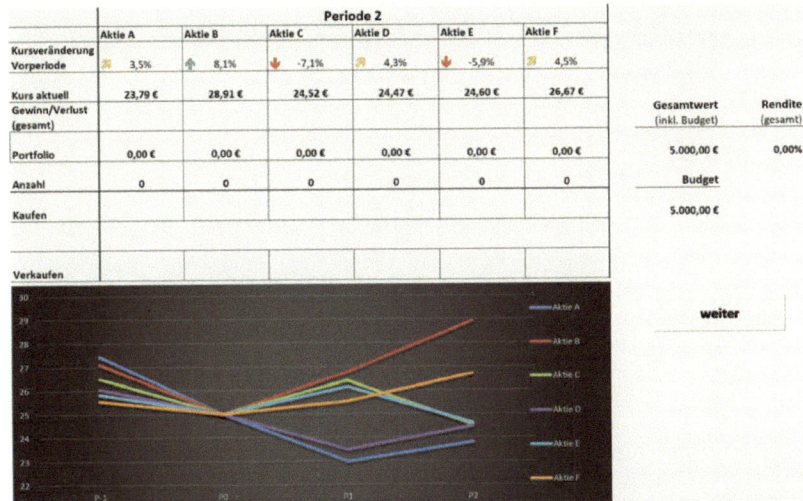

	Periode 2								
	Aktie A	Aktie B	Aktie C	Aktie D	Aktie E	Aktie F			
Kursveränderung Vorperiode	3,5%	8,1%	-7,1%	4,3%	-5,9%	4,5%			
Kurs aktuell	23,79 €	28,91 €	24,52 €	24,47 €	24,60 €	26,67 €		Gesamtwert (inkl. Budget)	Rendite (gesamt)
Gewinn/Verlust (gesamt)									
Portfolio	0,00 €	0,00 €	0,00 €	0,00 €	0,00 €	0,00 €		5.000,00 €	0,00%
Anzahl	0	0	0	0	0	0		Budget	
Kaufen								5.000,00 €	
Verkaufen									

weiter

Quelle: Eigene Darstellung

Anhang 6: Versuchsaufbau – geänderte Ansprüche (4/4)

Anspruchsänderungen

8. Risikobereitschaft? Haben Sie ihre Risikobereitschaft während der Simulation verändert?

○ ja, erhöht　　○ ja, verringert　　○ nein

9. Aktivität? Haben Sie ihre Aktivität während der Simulation verändert?

○ ja, erhöht　　○ ja, verringert　　○ nein

10. Intensität? Haben Sie die Intensität ihrer Überlegungen während der Simulation verändert?

○ ja, erhöht　　○ ja, verringert　　○ nein

11. Renditeforderung? Haben Sie ihre Renditeansprüche während der Simulation verändert?

○ ja, erhöht　　○ ja, verringert　　○ nein

12. Vorkenntnisse Haben Sie schon einmal etwas von dem Dispositionseffekt im Kontext der Behavioral Finance gehört?

○ ja　　　　　　○ nein

weiter

Quelle: Eigene Darstellung

Anhang 7: Aktienkursbewegungen der Simulationsstudie

	Aktie A	Aktie B	Aktie C	Aktie D	Aktie E	Aktie F	Gesamtmarkt
P-1	27,425	27,1	26,475	26,05	25,825	25,55	
P0	25	25	25	25	25	25	25
P1	22,9805	26,747	26,39975	23,471	26,1435	25,52275	25,21075
P2	23,7882646	28,9149781	24,51639184	24,472977	24,603125	26,673826	25,49492708
P3	22,5679266	26,136827	24,22734358	25,2470573	24,0643165	27,4316294	24,94585006
P4	21,3034005	29,339111	24,95416388	23,8314548	23,7913694	27,5386128	25,12635207

Quelle: Eigene Darstellung

Anhang 8: Legenden-Codierung (für SPSS) der Antwortmöglichkeiten

Frage	Typisierung*	Auswahlmöglichkeiten und Codierung für SPSS								Auswählbar	
										TG	KG
1. Alter	intervall									ja	KG
2. Geschlecht	nominal	männlich	0	weiblich	1					ja	ja
3. Expertise	ordinal	Trifft voll zu	4	Trifft teilweise zu	3	Trifft eher nicht zu	2	Trifft gar nicht zu	1	ja	ja
4. Rendite-forderung	ordinal	höher	4	eher höher	3	eher niedriger	2	niedriger	1	ja	ja
5. Risiko-bereitschaft	ordinal	hoch	4	eher hoch	3	eher gering	2	gering	1	ja	ja
6. Aktivität	ordinal	hoch	4	eher hoch	3	eher gering	2	gering	1	ja	nein
7. Intensität	ordinal	hoch	4	eher hoch	3	eher gering	2	gering	1	ja	nein
8. Risiko-bereitschaft?	nominal	nein	0	ja, erhöht / ja, verringert	1					ja	ja
9. Aktivität?	nominal	nein	0	ja, erhöht / ja, verringert	1					ja	ja
10. Intensität?	nominal	nein	0	ja, erhöht / ja, verringert	1					ja	ja
11. Rendite-forderung?	nominal	nein	0	ja, erhöht / ja, verringert	1					ja	ja
12. Vorkenntnisse DE?	nominal	nein		ja						ja	ja

Anmerkung: Typisierung mithilfe (Rasch, et al., 2010 S. 8-12).

Quelle: Eigene Darstellung.

Anhang 9: Rohdatensatz der Simulation

Anmerkung: Stichproben Rohdaten.
Quelle: Eigenständig erhoben Daten.

Anhang 10: Datensatz der Simulation für SPSS

ID	Grupp	Alter	Geschlecht	Expertise	Rendite	Risiko	Aktivität	Inten- sität	Yield	Gain/ Total	DE Gesamt	DE Losses	DE Gains	totale Trans- aktionen	Gain Verkäuf e	Loss Verkäuf e	Angepasst Rendite	Angepasst Risiko	Angepasst Aktivität	Angepasst Intentität
1	0	22	0	2	3	2	0	0	0,15444	0	0	0	0	200	0	0	0	0	1	0
2	1	22	1	3	2	2	2	2	0,08052	0,57711	0,6139	0,04217	0,09605	230	15	232	0	0	1	1
3	1	26	0	1	3	2	3	4	0,1455	0,71429	-0,5	1	0,4	700	100	290	1	1	0	1
4	1	26	0	1	4	3	3	1	0,13409	0,74026	-0,509	1	0,84912	305	185	285	0	0	1	1
5	1	23	0	3	3	4	4	2	0,19319	0,50416	0,4261	0,29708	0,68317	1084	414	606	0	1	1	1
6	1	38	0	4	4	3	4	3	0,0721	0,48342	-0,1433	0,21176	0,06849	460	25	365	0	1	1	1
7	0	29	0	4	2	3	0	0	0,12445	0,48493	-0,2382	0,61017	0,375	855	190	400	0	1	1	0
8	1	45	0	2	1	2	2	1	0,2121	0,49708	-0,2981	0,90683	0,8087	320	184	253	0	1	1	1
9	0	21	1	2	2	2	0	0	0,22846	0,625	0,25	0,75	1	1300	900	500	0	1	0	1
10	0	29	0	4	1	1	0	0	-0,0445	0,45833	-0,4545	1	0,54545	520	120	230	0	1	1	1
11	1	55	1	3	2	1	1	1	0,08485	0,48795	0,0649	0,34247	0,40741	580	165	405	0	0	0	0
12	0	26	1	1	4	1	0	0	0,08266	0,4065	-0,1815	0,26154	0,08	405	20	250	0	0	1	1
13	0	23	0	3	2	4	0	0	0,11267	0,79268	-0,1205	0,26667	0,04613	265	15	125	1	1	1	1
14	0	27	0	2	3	2	0	0	-0,0071	0,46163	0,2795	0,26238	0,5419	445	240	79	1	1	0	1
15	0	27	0	2	3	3	0	0	-0,0472	0,42342	-0,1981	0,26238	0,06332	445	24	179	1	1	1	1
16	0	23	1	1	1	3	0	0	0,13125	0,74603	0,8956	0,10635	1	980	470	50	1	1	1	1
17	0	28	0	2	2	3	0	0	0,30917	0,76923	-0,5	1	0,7	1300	390	500	1	1	1	1
18	0	26	0	1	2	3	0	0	0,78941	0,43857	0,0000	1,0000	1,0000	3500	600	600	1	1	1	1
19	1	23	1	1	5	4	4	4	0,10123	0,64852	-0,8936	1	0,10638	980	50	470	1	1	0	1
20	0	21	1	2	2	2	0	0	-0,0364	0,24594	-0,0988	0,09881	0	307	0	198	0	1	1	1
21	1	27	0	1	3	2	3	3	-0,0165	0,44444	-0,167	0,52877	0,16176	470	59	340	1	1	1	1
22	1	21	1	2	3	1	3	3	-0,0236	0,33354	-0,1188	0,16075	0,04194	507	20	198	0	1	1	1
23	0	54	0	4	2	2	0	0	0,01249	0,74654	0,1205	0,1	0,22034	340	65	295	1	1	1	0
24	0	26	0	1	1	1	0	0	0,00428	0,45455	0	0,2	0,2	280	50	100	1	0	1	1
25	1	26	0	1	1	1	1	1	0,02745	0,55556	0,1	0,5	0,5	420	150	100	0	1	1	1
26	1	25	1	2	1	1	1	1	-0,0224	0,26814	-0,1205	0,12028	0	298	0	170	1	1	1	1
27	1	27	1	2	3	1	1	1	0,1306	0,65533	-0,8776	1	0,12245	690	60	490	0	1	1	1
28	0	32	1	3	2	1	0	0	1,13%	31,91%	0,0463	0,3537	0,4000	794	114	285	1	1	1	1
29	1	25	0	1	3	4	3	2	1,87%	34,32%	-0,0470	0,2184	0,1724	517	50	290	1	1	0	1
30	1	25	0	4	4	3	3	3	-0,0489	0,34066	-0,2519	0,82609	0,27419	835	85	510	1	1	0	1
31	0	34	0	3	1	2	0	0	-0,0376	0,48347	-0,0612	0,3999	0,2987	705	115	385	1	0	0	1
32	1	18	1	1	4	2	3	3	-0,0308	0,39674	-0,2491	0,4819	0,2329	761	85	365	1	1	1	0
33	0	13	0	3	3	3	0	0	-0,88%	51,46%	0,4301	0,1061	0,5362	655	424	45	0	1	1	1
34	0	33	1	1	2	2	0	0	3,34%	52,38%	0,2124	0,1987	0,4061	705	347	200	1	1	0	1
35	1	17	0	1	1	2	3	3	0,11%	42,87%	-0,1155	0,2791	0,1356	540	55	358	0	1	0	0
36	0	24	1	2	3	2	0	0	2,16%	40,31%	0,3026	0,1972	0,5000	600	130	260	1	0	1	1
37	1	29	1	1	3	2	2	2	-0,0526	0,375	0,3333	0,41342	0,33333	290	25	75	0	1	1	1
38	0	27	1	1	4	3	0	0	-0,0526	0,378	0,3333	0	0,33333	275	25	0	0	1	1	1
39	0	27	0	2	3	4	0	0	-0,0065	0,4	0,0139	0,11111	0,125	340	30	240	1	1	1	1
40	1	29	0	3	3	3	2	2	0,02422	0,50948	-0,0452	0,13158	0,08642	365	25	55	1	1	1	1
41	0	26	0	3	1	2	0	0	-0,0137	0,40821	0,3111	0	0,31111	552	169	0	0	1	1	0
42	1	26	0	1	2	5	3	3	2,06354	0,53446	0,0812	0	0,08125	200	20	0	0	1	1	1
43	0	21	1	2	2	1	0	0	0,03138	0,38	0,2857	0,00009	0,28571	280	40	40	0	0	1	0
44	1	28	0	2	2	2	3	3	0,05353	0	0	0	0	210	0	0	1	1	1	0
45	0	28	0	3	1	2	0	0	0,83057	0,82548	-0,0655	0,72221	0,65659	870	390	270	1	1	1	1
46	0	27	0	2	4	4	0	0	-0,0071	0,46163	-0,1991	0,26258	0,06332	449	24	379	1	1	0	0
47	1	17	0	1	2	2	3	3	0,03381	0,4182	0,0449	0,24459	0,28926	683	105	365	0	1	1	1
48	0	28	1	1	2	1	0	0	0,00268	0,47128	0,2000	0,1597	0,3397	409	377	42	0	0	1	0
49	0	16	0	2	2	3	0	0	0,00822	0,3892	0,2688	0,1901	0,3959	620	346	45	0	0	1	1
50	0	63	0	3	3	2	0	0	0,01384	0,53512	0,3969	0,2346	0,6315	586	330	104	1	0	1	0
51	1	18	1	3	3	3	3	3	-0,0417	0,33214	-0,0755	0,2619	0,1864	556	52	279	0	1	1	0
52	1	21	1	2	3	3	2	2	0,05296	0,49086	0,0755	0,2225	0,2975	629	120	405	0	1	0	1
53	1	24	0	2	3	3	2	2	0,04405	0,6	0,1948	0,04762	0,24242	500	90	330	1	0	0	1
54	0	22	1	1	2	2	0	0	-0,0271	0,39006	-0,016	0,2766	0,26059	609	90	307	0	1	1	1
55	1	29	0	2	2	5	3	3	0,05071	0,4812	0,1597	0,2778	0,4375	625	140	320	1	0	1	1
56	1	29	0	3	3	1	2	2	0,03432	0,34121	0,0274	0,2600	0,2874	550	100	345	0	0	1	1
57	1	30	0	2	3	2	2	2	0,03146	0,69444	0,3200	0,0000	0,3200	350	80	290	0	1	1	1
58	1	30	1	3	1	3	2	2	0,00447	0,29966	0,1367	0,1791	0,3158	484	60	190	0	1	1	1

Anmerkung: Für Codierung s. Anhang 8.
Quelle: Eigene Darstellung

Anhang 11: T-Test auf Mittelwertgleichheit bei unabhängigen Stichproben

Die Hypothese auf Gleichheit der Mittelwerte kann zu einem Signifikanzniveau von 5% nicht abgelehnt werden (für zwei-und einseitige Signifikanz).

Gruppenstatistiken					
Angepasste Aktivität der TG		N	Mittelwert	Standardabw eichung	r des Mittelwertes
totaleTransak tionen	verringert	10	602,900	253,9906	80,3189
	erhöht	12	466,583	257,5216	74,3401

		Varianzgleichheit		T-Test für die Mittelwertgleichheit					
		F	Signifikanz	T	df	Sig. (2-seitig)	Sig. (1-seitig)	Mittlere Differenz	Standardfehle r der Differenz
totaleTransak tionen	Varianzen sind gleich	,116	,737	1,244	20	,228	,114	136,3167	109,5864
	Varianzen sind nicht			1,246	19,385	,228	,114	136,3167	109,4421

Anmerkung: Es wurde nicht auf Normalverteilung getestet. Da Varianzgleichheit besteht, gilt die obere Zeile. Verhältnis der Ausprägungen der angepassten Aktivität zu totalen Transaktionen.

Quelle: Eigene Auswertung mit SPSS.

Anhang 12: Streudiagramm der Transaktionen zu angepasster Aktivität

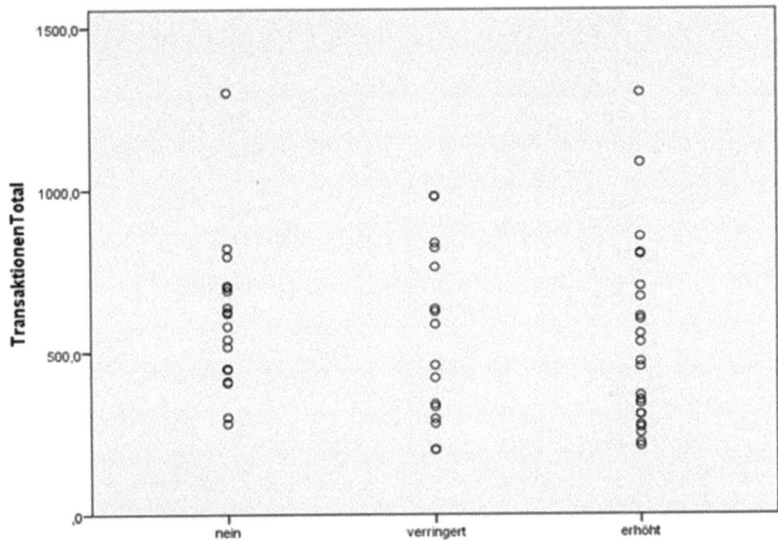

Transaktionen Total	TN	Mittelwert
nein	19	593,158
ja, verringert	16	546,688
ja, erhöht	23	535,913
Gesamt	58	557,638

Quelle: Eigene Darstellung.

Anhang 13: Histogramme der Häufigkeitsverteilung und Statistik des Yields

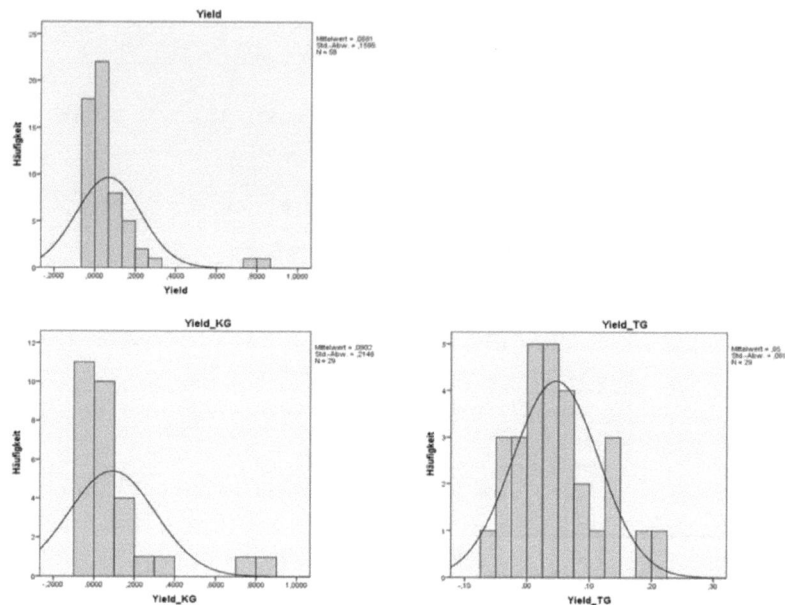

Anmerkung: Normalverteilungslinie und wahre Verteilung.
Quelle: Eigene Auswertung mit SPSS.

		Yield	Yield_TG	Yield_KG
	Anzahl	58	29	29
Mittelwert		,068057	,0460	,090161
Median		,022921	,0338	,011309
Standardabweichung		,1595128	,06876	,2146086
Varianz		,025	,005	,046
Schiefe		3,553	,752	2,758
Standardfehler der Schiefe		,314	,434	,434
Z-Standardisierung der Schiefe		11,326	1,735	6,361
Kurtosis		14,506	,178	7,473
Standardfehler der Kurtosis		,618	,845	,845
Z-Standardisierung der Kurtosis		23,468	,210	8,841
Perzentile	25	-,009785	-,0076	-,010760
	50	,022921	,0338	,011309
	75	,088948	,0827	,118559

Quelle: Eigene Auswertung mit SPSS.

Anhang 14: Korrelation des Yields mit DE

Es besteht keine signifikante Korrelation der getesteten Parameter bei einem Signifikanzniveau von 5 Prozent.

Korrelationen		Yield	DEgesamt
Yield	Korrelation nach Pearson	1	-,133
	Signifikanz (2-seitig)		,318
	N	58	58
DEgesamt	Korrelation nach Pearson	-,133	1
	Signifikanz (2-seitig)	,318	
	N	58	58

		DE_TG	Yield_TG
DE_TG	Korrelation nach Pearson	1	-,280
	Signifikanz (2-seitig)		,142
	N	29	29
Yield_TG	Korrelation nach Pearson	-,280	1
	Signifikanz (2-seitig)	,142	
	N	29	29

		DE_KG	Yield_KG
DE_KG	Korrelation nach Pearson	1	-,113
	Signifikanz (2-seitig)		,559
	N	29	29
Yield_KG	Korrelation nach Pearson	-,113	1
	Signifikanz (2-seitig)	,559	
	N	29	29

Anmerkung: Pearson Korrelation angewendet, da zwei metrische Variablen verglichen wurden. (Signifikanz 2-seitig als Referenz anzusetzen, da Beziehungsrichtung unklar) Quelle: Eigene Auswertung mit SPSS.

Anhang 15: T-Test auf Mittelwertgleichheit des DE zwischen den GN

Die Hypothese der Mittelwertgleichheit kann zu einem Signifikanzniveau von 5 Prozent abgelehnt werden (zwei und einseitige Signifikanz).

	Levene-Test der Varianzgleichheit		T-Test für die Mittelwertgleichheit					
Gruppe (0-KG,1-TG)	F	Signifikanz	T	df	Sig. (2-seitig)	Sig. (1-seitig)	Mittlere Differenz	Standardfehler der Differenz
DEgesamt Varianzen sind gleich	,003	,959	2,093	56	,041	,020	,1619190	,0773775

Anmerkung: T-Test bei unabhängigen Stichproben mit einer Effektstärke von: $d_z = \frac{T}{\sqrt{df+1}} = 0{,}277$. Varianzgleichheit ist gewährleistet nach Levene-Test.

Quelle: Eigene Auswertung mit SPSS.

Anhang 16: Tests auf Normalverteilungshypothese des DE (1/2)

Die Hypothese auf Normalverteilung kann nur für den DE der KG in beiden Tests bei einem Signifikanzniveau von 5% angenommen werden

	Tests auf Normalverteilung					
	Kolmogorov-Smirnov			Shapiro-Wilk		
	Statistik	df	Signifikanz	Statistik	df	Signifikanz
DEgesamt	,084	58	,200*	,954	58	,029
DE_TG	,151	29	,091	,907	29	,015
DE_KG	,110	29	,200*	,957	29	,270

Quelle: Eigene Auswertung mit SPSS.

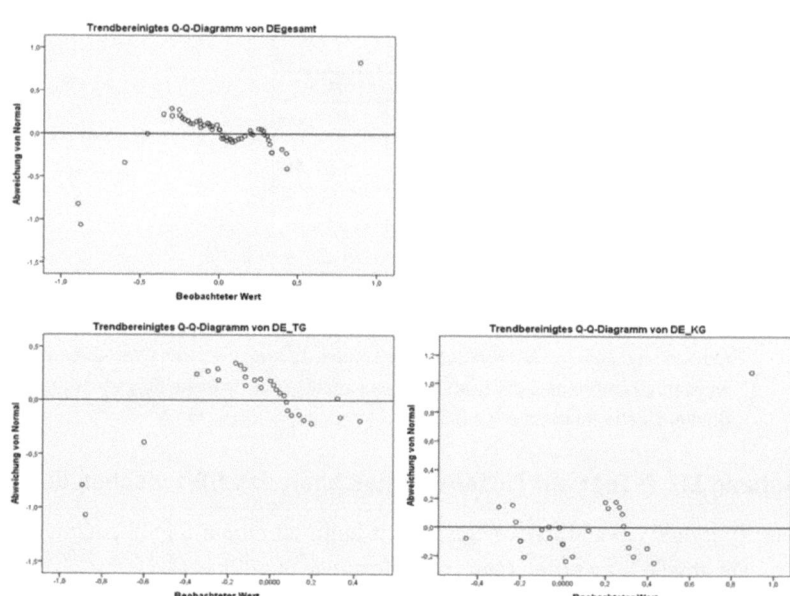

Anmerkung: Punktewolke sollte für Normalverteilung gleichverteilt um Q-Q Linie streuen.

Quelle: Eigene Darstellung mit SPSS.

Anhang 17: Histogramme der Normalverteilungshypothese des DE (2/2)

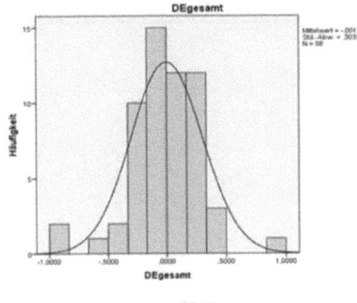

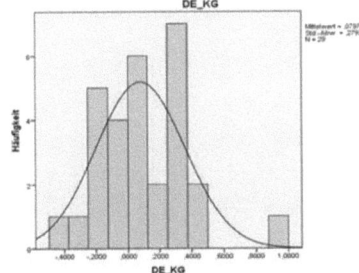 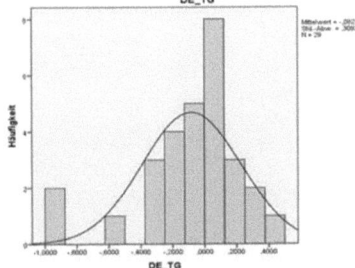

Quelle: Eigene Auswertung mit SPSS.

Anhang 18: Mittelwertdiagramme der Stichprobe von DE und DEloss

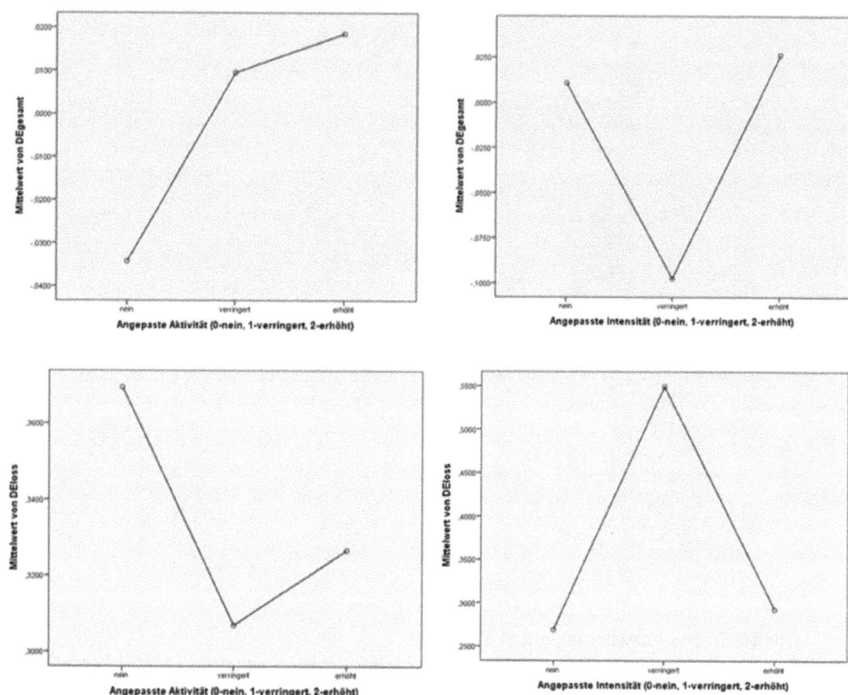

Anmerkung: DEgesamt für angepasste Aktivität und Intensität (oben) und DEloss (unten).

Quelle: Eigene Auswertung mit SPSS.

Anhang 19: Mittelwertdiagramme der TG von DE und DEloss

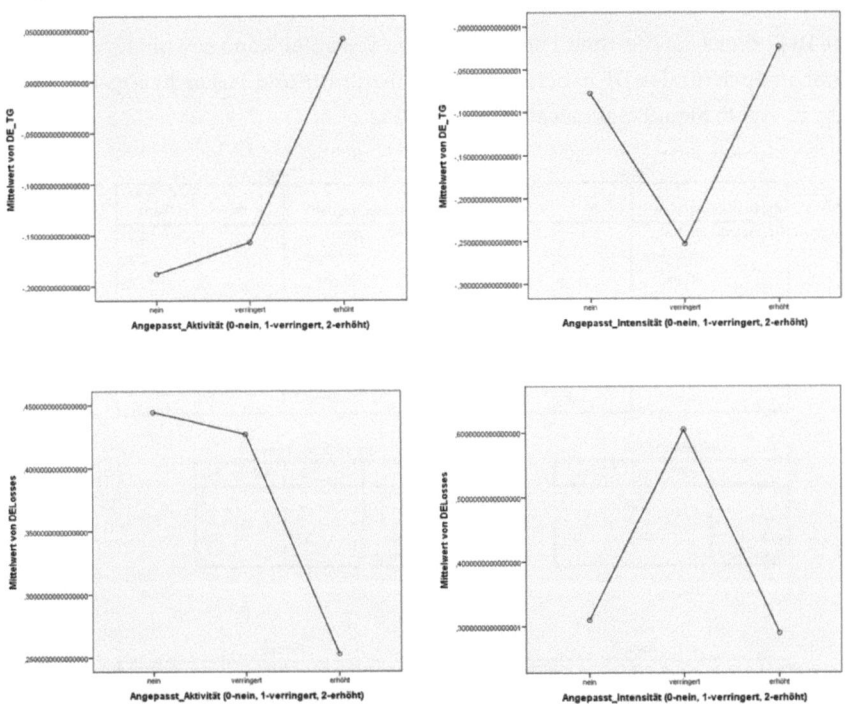

DEgesamt für angepasste Aktivität und Intensität (oben) und DEloss (unten).
Quelle: Eigene Darstellung mit SPSS.

Anhang 20: Kruskal-Wallis-Test für Korrelation der erweiterten Ansprüche

Die Hypothese auf Gleichheit der abhängigen Variablen kann sowohl für den DEgesamt als auch für den DE in beiden Fällen (Stichprobe und TG) nicht abgelehnt werden zu einem Signifikanzniveau von 5 Prozent.

Ränge

angepasste Aktivität		N	Mittlerer Rang
DEgesamt	nein	19	29,16
	verringert	16	29,56
	erhöht	23	29,74
	Gesamt	58	
DEloss	nein	19	32,95
	verringert	16	27,09
	erhöht	23	28,33
	Gesamt	58	

Ränge

angepasste Aktivität		N	Mittlerer Rang
DE_TG	nein	7	13,71
	verringert	10	12,80
	erhöht	12	17,58
	Gesamt	29	
DEloss_TG	nein	7	17,29
	verringert	10	16,95
	erhöht	12	12,04
	Gesamt	29	

Statistik für Test

	DEgesamt	DEloss
df	2	2
Asymptotische Signifikanz	,994	,540

Statistik für Test

	DE_TG	DEloss_TG
df	2	2
Asymptotische Signifikanz	,381	,289

Ränge

angepasste Intensität		N	Mittlerer Rang
DEgesamt	nein	15	29,20
	verringert	11	27,23
	erhöht	32	30,42
	Gesamt	58	
DEloss	nein	15	26,50
	verringert	11	35,86
	erhöht	32	28,72
	Gesamt	58	

Ränge

angepasste Intensität		N	Mittlerer Rang
DE_TG	nein	6	13,50
	verringert	6	12,67
	erhöht	17	16,35
	Gesamt	29	
DEloss_TG	nein	6	16,17
	verringert	6	19,50
	erhöht	17	13,00
	Gesamt	29	

Statistik für Test

	DEgesamt	DEloss
df	2	2
Asymptotische Signifikanz	,861	,348

Statistik für Test

	DE_TG	DEloss_TG
df	2	2
Asymptotische Signifikanz	,587	,255

Anmerkung: Rangtest nach Kruskal-Wallis. Voraussetzungen auf Unabhängigkeit der Stichprobe ist erfüllt. Die asymptotische Signifikanz ist als Referenz ansetzbar, da Stichproben (29) groß genug sind.
Quelle: Eigene Auswertung mit SPSS.